북작북작
세상을 바꾸는 법칙

복작복작 세상을 바꾸는 법칙

초판 1쇄 발행 2014년 4월 1일
개정 1쇄 발행 2016년 12월 15일
개정 6쇄 발행 2024년 6월 24일

글 박동석 **그림** 송진욱

펴낸곳 도서출판 봄볕 **펴낸이** 권은수 **디자인** 이하나 **마케팅** 성진숙
등록번호 제25100-2015-000031호 **등록일** 2015년 4월 23일
주소 서울특별시 서대문구 서소문로 37 1406호(합동, 충정로대우디오빌)
전화 02-6375-1849 **팩스** 02-6499-1849
전자우편 springsunshine@naver.com **블로그** blog.naver.com/springsunshine
스마트스토어 https://smartstore.naver.com/shinybook **인스타그램** @springsunshine0423
ISBN 979-11-86979-18-1 73300

- 책값은 뒤표지에 적혀 있습니다. · 봄볕은 올마이키즈와 함께 어린이를 후원합니다.
- 이 책은 콩기름을 이용한 친환경 방식으로 인쇄했습니다.
- KC마크는 이 제품이 공통안전기준에 적합함을 의미합니다.
- 이 책은 저작권법에 따라 보호받는 저작물이므로 무단 전재와 복제를 금합니다.

세계로 한발짝

복작복작 세상을 바꾸는 법칙

글 박동석 | 그림 송진욱

봄볕

책을 읽기 전에

누구나 한 번쯤 이런 경험이 있을 거야. 열심히 공부했는데 시험 문제가 하필이면 공부 안 한 부분에서 나오거나, 지각할까 봐 헐레벌떡 뛰었는데 학교 바로 앞에서 신호등이 빨간불로 바뀌거나 내가 먹으려 하던 것을 동생이 먼저 홀랑 먹어 버려서 맛도 못 본 경우 말이야.

이런 상황을 아주 잘 표현한 우리 속담이 있어. '가는 날이 장날'이라는 말이야. 한 선비가 오랜만에 멀리 있는 친구 집을 방문했는데, 마침 그날이 5일마다 열리는 장날인 거야. 힘들게 몇 시간을 걸어서 도착했는데 친구는 장에 가고 없어 헛걸음

을 하고 말았지. 여기서 '가는
날이 장날'이라는 말이 생겨난 거야.
일이 이상하게 안 좋은 쪽으로 일어나는
경우를 이르는 말이지.

　서양에서는 이런 현상을 '머피의 법칙'이라고 불렀어. 머피라는 사람이 처음 말했기 때문에 머피의 법칙이라고 이름 붙여졌고 지금은 다들 그렇게 알고 있지. 만약 우리가 먼저 세상에 알렸다면, 아마 머피의 법칙은 '가는 날이 장날 법칙'이 되었을 거야. 물론 반대의 경우도 있어.

　어떤 일이 좋은 쪽으로만 계속 일어나는 경우지. 바로 '샐리의 법칙'이야.

　머피의 법칙, 샐리의 법칙뿐만 아니라 살다 보면 우리는 여러 가지 현상을 경험하게 되지. 단순한 현상도 있지만 수학이나 과학 같은 아주 복잡하고도 놀라운 발견을 한 경우도 있고, 철학이나 심리학처럼 똑 부러지게 설명하기 힘들고 어려운 경우도 있단다.

　사람들은 그럴 때마다 '법칙'이나 '효과', '이론' 등의 이름을

붙이곤 했어. '하인리히 법칙' 이라는 것도 있고, '나비 효과'라는 말도 있고, '붉은 여왕 이론'이라는 말도 있지. 모두 어떤 현상을 아주 꼼꼼하게 관찰하고 난 뒤 발견한 것들이며, 그에 적합한 법칙이나 효과, 이론 등의 이름을 붙인 거지.

이렇게 발견한 '법칙'이나 '효과', '이론' 등은 세상을 보는 눈이라고 할 수 있어. 우리가 세상을 보다 깊게, 보다 넓게 바라볼 때만 발견할 수 있는 것들이기 때문이지. 또, 그렇게 발견한 법칙은 우리가 세상을 살아가는 데 아주 많은 도움을 주기도 해. 그런 상황에 미리 대비할 수도 있고, 어떤 사고를 사전에 막을 수도 있으니까.

이 책 역시 여러분에게 그런 의미 있는 책이었으면 해. 『복작복작 세상을 바꾸는 법칙』이 보다 지혜롭고 현명한 친구가 되는 데 작은 등불이 되길 바라. 생활하면서 부딪히는 어려운 일을 해결하는 데도 도움이 되었으면 좋겠어.

나아가 우리 친구들이 세상을 보는 눈이 깊고 넓게 되어서 자신만의 법칙이나 효과, 이론도 만들어 보면 더 좋겠지. 그럼, 지금부터 세상을 보는 눈을 한번 키워 볼까?

2014년 4월

박동석

법칙은 필연적인 여러 가지 사건으로 인해 생겨나는데,

변하지 않는 일상의 경험들이 쌓여서 만들어지거나,

과학 현상을 바탕으로 만들어지기도 해.

과학은 항상 발전하고 변하기 때문에

과학적인 현상은 절대적이지 않아.

세상이 바뀌고 새로운 일이 지속적으로 일어난다면

법칙은 앞으로도 계속 생겨날 거야!

차례

생활을 움직이는 법칙 1

1. 도도새의 법칙 – 도전과 시련이 없으면 발전도 없다 · 14
2. 머피의 법칙 – 소풍 가는 날 꼭 비가 온다 · 19
3. 피그말리온 효과 – 간절히 바라면 원하는 것을 얻을 수 있다 · 25
4. 위약 효과(플라시보 효과) – 모든 것은 마음먹기에 달려 있다 · 31
5. 세렌디피티의 법칙 – 우연히 찾아온 행운도 알고 보면 노력의 결과이다 · 37
6. 붉은 여왕 이론 – 뛰는 놈 위에 나는 놈이 있다 · 43
7. 바넘 효과 – 그 이야기가 바로 나의 이야기 · 47
8. 블랙스완 효과 – 1%의 가능성으로 일어나는 일도 분명히 있다 · 52
9. 오컴의 면도날 이론 – 아주 간단하게 말해 · 56
10. 파레토의 법칙 – 20이 80을 책임진다 · 61

문화를 움직이는 법칙

11. 치킨게임 이론 – 양보할 것인가, 아니면 모두 파멸할 것인가? · 68
12. 하인리히 법칙 – 큰 사건은 예고 없이 갑자기 일어나지 않는다 · 74
13. 나비 효과 – 사소한 행동 하나가 아주 다른 결과를 가져온다 · 80
14. 헤일로 효과(후광 효과) – 얼굴이 예쁘니까 마음도 예쁠 거야 · 84
15. 파랑새증후군 – 혹시, 더 나은 뭔가가 있지 않을까? · 89
16. 밴드왜건 효과 – 친구 따라 강남 간다 · 95
17. 베버의 법칙 – 매도 자주 맞으면 아프지 않다 · 99
18. 조 지라드의 법칙 – 250명이 나를 알고 있다 · 104
19. 마지노선의 법칙 – 너무 완벽하면 나태해지기 쉽다 · 110
20. 볼테라의 법칙 – 물고기를 잡지 않았는데 물고기 수는 감소한다 · 115

사회를 움직이는 3 법칙

21. 죄수 딜레마의 법칙 – 욕심은 불행한 선택을 하게 만든다 · 124

22. 깨진 유리창 이론 – 댐에 난 작은 구멍을 막지 않으면 결국 댐은 무너진다 · 134

23. 님비 현상 – 우리 집 뒷마당에는 안 돼 · 141

24. 악어의 눈물 – 눈물도 거짓말을 한다 · 146

25. 스톡홀름증후군 – 나는 범인을 이해할 수 있어 · 150

26. 링겔만 효과 – 게으름은 여러 명일 때 피우기 쉽다 · 156

27. 방관자 효과 – 나 아니어도 할 사람은 많아 · 162

28. 제로 베이스 이론 – 처음부터 다시 시작하자 · 169

29. 풍선 효과 – 하나를 해결하면 또 다른 문제가 생긴다 · 175

30. 베르테르 효과 – 당신이 죽으면 나도 따라갈 거야 · 180

세렌디피티의 법칙

도도새의 법칙

머피의 법칙

위약 효과

바넘 효과

피그말리온 효과

블랙스완 효과

붉은 여왕 이론

오컴의 면도날 이론

파레토의 법칙

1 도도새의 법칙

★ 도전과 시련이 없으면 발전도 없다

예전에 '도도'라 불리는 새가 있었어. 지금은 멸종된 새야. 우리말 '도도'와 다른 뜻을 가지고 있어.

아프리카 동쪽 인도양에 모리셔스라는 섬이 있어. 도도새는 이 섬에서 살았는데 먹을 것이 풍부해서 그야말로 도도새 낙원이었지. 천적인 맹수들도 없어서 도망쳐야 할 이유가 없었어. 그래서 도도새는 날 필요가 전혀 없었지.

기계도 오래 사용하지 않으면 고장 나거나 녹이 슬어서 본래의 기능을 하지 못하게 되듯이 도도새는 오랫동안 날개를 쓰지 않아

서 날 수 있는 능력을 잃어버렸어.

그 대신 튼튼한 다리와 구부러진 부리를 가지게 되었지. 땅 위에서 생활하도록 몸이 변한 거야. 아니면 편하게 먹기만 해서 날기가 어려워졌을 수도 있지.

스스로 날 수 있는 능력을 가진 동물을 새라고 한다면 도도새는 더 이상 새라고 할 수 없었어.

그런데 16세기 포르투갈 사람들이 모리셔스 섬을 발견한 후로 도도새는 운명이 바뀌었어. 도도새는 천적을 본 적도 없고 날 수도 없었기 때문에 사람들이 다가와도 그저 바라보기만 할 뿐 도망가지 않았어. 그래서 포르투갈 사람들은 도도새를 닥치는 대로 잡았고 순식간에 도도새는 섬에서 자취를 감추고 말았어.

도도새의 이름은 여기서 유래했어. 포르투갈 사람들은 날지도 못하고, 사람이 다가와도 도망가지 않고 멍청하게 바라본다고 해서 '바보, 멍청이'라는 뜻의 '도도'라는 이름을 붙였대.

도도새는 풍족한 곳에서만 살다가 나는 것을 잊어버렸고 결국 사람들에게 잡혀 죽고 만 거지. 만약 그곳에 도도새를 위협할 맹수가 한 마리라도 있었다면, 또 어려운 환경적 요건이 하나라도 있었다면 도도새는 멸종되지 않았을지도 몰라.

우리를 발전시키는 것은 편안하고 안락한 생활이 아니라, 수많은 도전과 시련, 경쟁일 때가 있어. 여기에는 스스로에 대한 도전도 포함돼. 종종 변화하려는 의지와 외부의 도전, 경쟁이 우리를 성장시키거든.

'고인 물은 썩는다.'라는 우리나라 속담이 있어. 현재의 생활에만 만족해서 앞으로 나아가지 못할 때 쓰는 말이야. 퇴보하는 일이 없으려면 현재의 생활에 충실하되 미래도 함께 생각해야겠지.

세상을 보는 눈

　날마다 똑같은 생활이 반복된다고 생각해 봐. 얼마나 지루할까? 너희는 지금 그렇게 살고 있진 않니? 아무런 변화가 없다면 누구나 일상에 적응하게 돼.

　우리 주변을 둘러보면 어려움 속에서도 자신의 환경을 바꾸려고 노력하는 사람들이 있어. 예를 들어 운동선수들은 기록을 새롭게 세우려고 끊임없이 노력해. 그런 모습들은 우리에게 영향을 미치지. 단순히 지고 이기는 운동 경기만을 본다면 알 수 없는 것들이지만, 한 명 한 명 선수를 눈여겨보면 알게 돼.

　과학의 발전은 사람들의 생활을 편리하게 만들어 주었어. 우주에 위성을 띄워서 세계 어디에 있어도 소통할 수 있게 되었지. 이런 일들을 평범하게 바라볼 게 아니라 앞으로 나아가려는 사람들의 노력이라고 생각해 봐. 그럼 스스로 끊임없이 자신을 돌아보게 되고, 생활이나 환경을 보는 눈이 달라질 테니까.

머피의 법칙

★ 소풍 가는 날 꼭 비가 온다

'머피의 법칙Murphy's law'은 어떤 일이 잘 풀리지 않고 꼬이기만 할 때 쓰는 말이야. 서양에서 쓰던 말인데, 지금은 안 좋은 상황을 표현하는 대표적인 말이 되었지.

우리나라에도 이럴 때 빗대어 쓰는 말이 많아. '가는 날이 장날', '엎친 데 덮친 격', '소금 팔러 가니 이슬비 온다.' 등이 있어. 모두 좋지 않은 상황을 이르는 말들이지.

우리가 이런 말을 조금만 빨리 세상에 알렸다면 머피의 법칙은 지금 '가는 날이 장날 법칙'으로 불렸을지도 몰라.

머피의 법칙에서 '머피'는 미국 공군 기지에 근무하던 대위의 이름이야. 1949년 미국 공군은 조종사들에게 특별한 실험을 했어. 초음속(소리보다 빠른 속도)으로 하늘을 날던 전투기 조종사들이 땅에 착륙했을 때 얼마나 잘 적응을 하는지 알아보기 위해 신체의 상태를 전극봉을 사용해 급감속(갑자기 속도를 줄이는 것) 측정 실험을 했어.

실험은 모두 실패했어. 그런데 모두 다 실패한다는 게 좀 이상하잖아. 그래서 이유를 찾아보니, 실험에 사용했던 전극봉의 한쪽 전선이 전부 잘못 연결되어 있었어. 전극봉 기술자가 실수로 전선을 잘못 연결했던 거야.

그때 머피 대위는 "어떤 일을 할 때는 두 가지 이상의 방법이 있고, 그중 하나가 나쁜 결과를 불러온다면 누군가는 꼭 그 방법을 사용한다."라고 말했어.

그 후로 일이 잘 풀리지 않고 자꾸 꼬이는 상황을 '머피의 법칙'이라고 부르게 됐어.

살면서 우리는 알게 모르게 머피의 법칙을 많이 경험해. 소풍 가는 날 비가 오는 경우도 그렇고, 시험을 보면 꼭 공부를 하지 않은 부분에서만 문제가 나오고.

그런데 머피의 법칙을 자세히 살펴보면 모든 일은 어떻게 마음을 먹느냐의 문제가 아닐까 하는 생각이 들어.

세상에 좋은 일과 나쁜 일밖에 없다면 확률은 각각 50%가 되겠지. 그런데 사람들은 나쁜 쪽 50%를 선택하는 경우가 많다고 생각하는 게 머피의 법칙이잖아.

심리학자들은 이렇게 말해. 사람들은 일이 잘된 경우에 받은 좋은 기억은 금방 잊어버리는 경향이 있고, 반대로 잘못된 경우에 받은 기억은 아주 오래도록 머릿속에 남는다고 말이야.

어차피 확률적으로는 좋은 일과 나쁜 일이 비슷하게 일어나지만 우리의 심리 때문에 머피의 법칙 같은 상황이 더 자주 나타나는 것처럼 보인다는 거지.

살다 보면 재수 없는 일만 생기거나 재수 좋은 일만 생기는 건 아니야. 재수 없는 일을 유독 더 잘 기억하기 때문에 머피의 법칙을 많이 떠올리게 된다는 거야.

오늘 안 좋은 일이 생겼다고 걱정하지 마. 물론 내일도 안 좋은 일이 생길 수 있어. 그런데, 한 달이나 일 년 사이에 일어난 좋은 일과 나쁜 일을 모두 비교해 보면 비슷한 횟수일 거야.

반대로 항상 좋은 일만 있지도 않아. 좋은 일과 그렇지 않은 일이 반복해서 일어나는 것이 우리 삶의 법칙이기 때문이야. 그러니까 머피의 법칙에 너무 신경 쓸 필요는 없겠지. 그리고 내가 잘못해서 일어난 일까지 모두 머피의 법칙 때문이라고 생각하면 안 돼. 머피의 법칙이 핑계가 돼 줄 수는 없으니까.

세상을 보는 눈

지금 나에게 '머피의 법칙'이 일어났다면, 이제 곧 '샐리의 법칙'이 일어날 차례야. 샐리의 법칙은 머피의 법칙과 반대야.

샐리의 법칙은 하는 일마다 잘 풀리는 경우를 말해. 1989년에 개봉된 〈해리와 샐리가 만났을 때〉라는 미국 영화가 있어. 그 영화의 여자 주인공 샐리에게는 계속 좋은 일만 생겨. 그러다 결국 남자 주인공과 좋은 결말을 맺게 되지. 여기서 샐리의 법칙이 생겼어.

시험 준비를 잘해서 좋은 점수를 받는 것도 샐리의 법칙일까? 내가 완벽하게 시험 준비를 했다면 당연한 일이지. 반대로 공부를 제대로 안 해서 성적이 나쁘면 머피의 법칙일까? 어떻게 보면 공부를 하지 않은 사람의 변명일 거야. 이런 경우는 공부를 많이 하지 못한 것을 반성하고 미래를 준비하는 마음을 가져야 할 거야.

머피의 법칙이 생겼다고 재수 없다 생각할 게 아니라 '나에게 어떤 문제가 있나?'를 생각해 봐. '머피의 법칙'도 '샐리의 법칙'도 내가 만든다는 걸 잊지 마!

3 피그말리온 효과
★ 간절히 바라면 원하는 것을 얻을 수 있다

정말 간절히 바라면 무엇이든지 이루어질까? 아마 실제로 소원이 이루어진 경험이 있는 사람이라면 이 말을 믿을 것이고, 그렇지 못한 사람은 믿지 않을 거야. 간절히 바란 무언가가 이루어지면 흔히 '피그말리온 효과'가 나타났다고 해.

'피그말리온 효과Pygmalion effect'는 간절한 소망으로 무언가를 이루거나, 상대방에 대한 기대나 관심으로 좋은 결과를 낳는 현상을 말해. 그런데 왜 '피그말리온 효과'라고 부르게 되었을까?

그리스·로마 신화를 아는 친구라면 피그말리온이라는 이름을 알 거야.

옛날 키프로스라는 섬에 피그말리온이라는 조각가가 살고 있었어. 피그말리온은 여자들의 단점을 너무 많이 봐서 여자에 대해 좋지 않은 생각을 갖고 있었어. 그런 까닭에 피그말리온은 쉽게 여자를 만나지 못했고 사랑할 수도 없었지.

피그말리온은 사랑할 만한 여자를 직접 조각하기로 마음먹었어. 꽤 오랜 시간이 흐른 뒤에 드디어 아름다운 조각상이 완성되었지. 조각상이 얼마나 아름다웠는지 피그말리온은 조각상에게 꽃도 선물하고 이름도 지어 주었어. 그러다 그만 조각상을 사랑하게 되었어.

하지만 조각상은 사람이 아니었기에 그저 바라볼 수밖에 없었지. 그러던 어느 날, 피그말리온은 아프로디테(미의 여신) 신전에 찾아가 조각상과 사랑을 이루게 해 달라고 간절히 빌었어. 어찌 보면 참 터무니없는 소원이었지.

소원을 빌고 집으로 돌아온 피그말리온은 조각상을 끌어안았어. 그런데 이상한 일이 일어났어. 항상 차갑기만 했던 조각상이 따뜻한 거야. 피그말리온은 놀라서 조각상에게 키스를 했어. 그러자 온기가 느껴지고 심장 소리가 들렸어. 피그말리온의 간절한 바람이 아프로디테 여신의 마음을 움직여서 조각상을 인간으로 변하게 한 거지.

'피그말리온 효과'는 바로 이 이야기에서 유래했어. 피그말리온처럼 간절히 바라면 원하는 것을 얻을 수 있다는 이야기야.

흔히 '피그말리온 효과'를 '교사 기대 효과', '로젠탈 효과'라고 해. 왜냐하면 로젠탈이라는 심리학자가 피그말리온 효과를 실제로 실험했거든.

로젠탈은 1960년대 샌프란시스코의 한 초등학교에서 아이들의 지능 검사를 했어. 그리고 검사의 실제 점수와는 아무 상관없이 몇 명의 학생을 교사에게 알려 주고 '학업 성적이 향상될 학생'이라고 거짓말을 했어. 그러고 나서 몇 개월 후 놀라운 일이 일어났어. 학업 성적이 향상될 학생이라고 말했던 학생들의 성적이 실제로 크게 향상된 거야.

어떻게 이런 일이 일어났을까? 성적이 향상될 거라고 한 학생들에게 선생님이 기대를 하고, 관심을 가져 주었기 때문에 나타난 결과라고 해. 또, 학생들도 선생님의 관심으로 수업 태도가 바르게 변했고, 공부에 대한 관심도 높아져서 나타난 결과였어.

성공한 사람들은 대부분 피그말리온 효과를 잘 알고 있는 것 같아. '하면 된다', '나는 반드시 이룰 수 있다.'라고 큰 기대를 하고, 간절히 바라면서 끊임없이 노력하잖아. 더 정확하게 말하면 자신에게 건 기대만큼 노력해서 좋은 결과를 만들어 낸 거지.

우리 속담에 '지성이면 감천'이라는 말이 있어. 정성이 지극하면 하늘도 감동한다는 의미야. 피그말리온 효과와 비슷한 의미로 해석할 수 있어.

지금, 바라는 게 있다면 피그말리온처럼 간절히 빌어 봐. 피그말리온 효과는 노력 뒤에 있다는 걸 잊지 말고 말이야.

세상을 보는 눈

　반에서 30등을 하는 친구가 있어. 부모님의 소원은 아들이 10등 안에 드는 거였어. 그래서 그 친구는 부모님의 소원을 들어드리기 위해 그날부터 아침저녁으로 시간이 날 때마다 간절히 기도했어. 이번 시험에서 꼭 10등 안에 들게 해 달라고 말이지. 누가 봐도 감동할 정도로 정성을 다해 기도했지.

　그런데 그 친구는 10등 안에 들지 못했어. 이유는 간단해. 공부는 안 하고 기도만 했기 때문이지. 바란다고 해서 원하는 것이 다 이루어지지는 않아. 우리가 꼭 알아야 할 점이야.

　피그말리온 효과를 조금 다르게 봐. '노력한 만큼 간절히 바라면 이루어진다.'로 말이야. 세상에 저절로 이루어지는 것은 없어. 무엇을 이루려면 간절한 바람만큼 노력도 중요해. 노력은 간절한 바람을 몸으로 보여주는 것이니까.

위약 효과

플라시보 효과 ★ 모든 것은 마음먹기에 달려 있다

'위약'은 '가짜 약'을 말해. '위약 효과'는 '플라시보 효과Placebo effect'라고 부르는데, 플라시보는 라틴 어로 '마음에 들다, 기쁘게 하다'의 의미를 가지고 있어.

위약은 처음, 전쟁에서 쓰였어. 전쟁이 나면 부상병들이 많이 생기기 때문에 약이 부족한 경우가 많아. 그래서 부상병들에게 가짜 약을 주었어. 심리적으로 안정을 주려는 목적이었지. 그런데 부상병들이 병과는 상관없는 약을 먹고 상처가 치료되었지. '위약 효과'는 이런 경우를 두고 하는 말이야. 실제로 제2차 세계 대전 중 약이 부족해 이 방법을 많이 썼다고 해.

'위약 효과'는 의사가 처방한 가짜 약을 진짜 약이라고 믿고 먹은 환자의 병이 실제로 낫는 현상을 말해.

 이런 '위약 효과'의 힘, 자기 암시의 힘을 이론으로 구체화시킨 사람은 프랑스의 '에밀 쿠에' 약사야.

 어느 날 평소에 잘 알고 지내던 사람이 쿠에에게 찾아와서 약을 지어 달라고 부탁했어. 그런데 의사의 처방전이 없어서 약을 지을 수 없었지. 그래서 쿠에는 처음에 거절했지만 그 사람은 시간이 늦어 병원에 갈 수 없다면서 계속 약을 지어 달라고 했어. 쿠에는 할 수 없이 그 사람의 통증과 관련 없는 영양제 같은 약을 주었어.

 의사의 처방전이 없어서 약을 지을 수도 없었고,

그렇다고 아픈 사람을 그냥
돌아가라고 말하기도 어려웠거든.
물론 그 사람에게 약을 주면서 통증이
조금 나아질 테니까 다음 날 꼭 병원에 가서
치료를 받으라고 했지. 그런데 그 사람은 다음 날
병원에 갈 필요가 없었어. 그 약을 먹고 통증이 깨끗이
나았기 때문이야. 어떻게 된 일일까? 그 사람은 쿠에가 지어 준
약이 진짜 약이라고 믿었기 때문에 병이 나았던 거라고 볼 수 있
어. 약보다는 사람의 믿음, 마음이 병을 낫게 한 거지.

쿠에는 이런 일을 통해 '위약 효과'를 알게 되었어. 쿠엔은 그 뒤로 우리의 정신이 얼마나 중요한지를 세상에 알리기 위해 노력했어. 쿠에는 이런 말을 했다고 해.

"나는 내가 좋다. 날마다 나는 점점 더 좋아지고 있다. 오늘이 일생을 통해서 가장 좋은 날이다."

오늘날 위약 처방은 의사와 환자 간의 신뢰를 깨뜨릴 수 있다는 이유로 쓰지 않아. 요즘은 약이 풍부해서 굳이 가짜 약을 줄 필요도 없지만, 만약 가짜 약을 먹었다는 사실을 환자가 알면 오히려 역효과가 나타날 수 있기 때문이야.

위약은 실제 치료에서 거의 사용되지 않지만 '위약 효과'는 우리가 어떻게 마음먹느냐에 따라서 모든 것이 달라질 수 있다는 걸 알려주는 아주 좋은 예라 할 수 있지. 병을 대하는 환자의 마음과 정신이 얼마나 중요한지 알겠지?

세상을 보는 눈

'노시보 효과Nocebo'라는 말을 들어본 적 있니? 노시보 효과는 위약 효과(플라시보)와 반대 개념이야. 적절한 처방인데도 환자가 믿지 않고, 몸이 더 나빠질 것이라고 생각해서 병이 심각해지는 현상을 말해. 노시보는 라틴 어로 '해를 끼치다.'라는 뜻을 가지고 있어. 실제로 환자의 건강 상태를 악화시키는 요인으로 작용해.

노시보 효과와 관련된 이야기가 하나 있어. 어떤 사람이 냉동 창고에 갇히게 되었어. 냉동 창고에 갇히게 되면 보통 두 가지 이유로 죽게 돼. 밀폐된 곳이기 때문에 산소가 부족해서 죽을 수도 있고, 너무 춥기 때문에 얼어 죽을 수도 있지. 냉동 창고에 갇힌 사람은 죽으면서 냉동 창고 벽에 이런 말을 써 놓았어.

'너무 춥다. 숨쉬기 힘들다.'

그런데, 알고 보니 그 냉동 창고는 가동되지 않았어. 게다가 상당히 큰 냉동 창고라서 산소도 부족하지 않았지. 그런데도 그 사람은 죽고 말았어. 그 사람은 냉동 창고가 가동되는 줄 알고 춥다고 느낀 거야. 또 밀폐되어서 산소가 부족하다고 생각했던 거야.

'노시보 효과'도 인간의 정신과 마음이 얼마나 중요한지를 보여 줘.

　성공한 사람들은 대부분 스스로를 잘 다스린 사람들이야. 정신이 건강해야 세상을 바로 볼 수 있고, 건강하게 살 수 있어. 정신이 건강하려면 몸이 건강해야 해. 때문에 몸이 건강하지 않으면 좋은 생각을 할 수 없거든. 몸과 마음, 육체와 정신은 둘 다 중요해.

세렌디피티의 법칙

★ 우연히 찾아온 행운도 알고 보면 노력의 결과이다

'세렌디피티의 법칙'은 발음하기 어려운 말이지만 아주 흥미로운 법칙이야. 우선 단어의 뜻을 알아볼까? '세렌디피티Serendipity'를 사전에서 찾아보면 '운 좋은 발견, 재수 좋게 우연히 찾아낸 것'이라고 되어 있어. 글자 그대로 해석하면 '우연히 찾아온 행운' 정도로 생각하면 돼.

그런데 왜 우연히 찾아온 행운 같은 경우를 세렌디피티의 법칙이라고 하는 걸까?

옛날 페르시아(지금 이란 지역에 있었던 고대 국가) 우화 중에 '세렌딥의 세 왕자'라는 이야기가 있어. '세렌디피티'라는 말은 여기에서 유래되었어. 이 우화는 보물을 찾아 먼 여행을 떠난 인도의

세 왕자가 원하던 보물을 찾지 못했지만 우연한 일로 인생을 살아가는 지혜와 용기를 얻었다는 이야기야.

한 아프리카 사람이 낙타를 끌고 가다가 잠깐 자리를 비운 사이 낙타를 잃어버리고 말았어. 마침 길을 가던 세 왕자에게 낙타를 봤느냐고 물었지. 세 왕자는 실제로 그 낙타를 보지 못했어.

그런데 낙타 주인에게 한쪽 눈이 멀고, 한쪽 다리를 절며, 이빨이 하나 빠진, 한쪽에는 기름을, 다른 한쪽에는 꿀을 지고 있는 낙타냐고 물었어. 낙타 주인은 자신이 잃어버린 낙타의 모습을 정확하게 알고 있는 세 왕자가 분명 낙타를 보았다고 생각하고 세 왕자를 낙타 도둑으로 생각해 자신의 나라 왕에게 고발했어. 그 바람에 왕자들은 감옥에 갇히게 되었지. 그런데 곧 낙타

를 훔친 진짜 범인이 잡혀서 풀려났어. 그 나라 왕이 세 왕자에게 어떻게 낙타를 보지도 않고, 낙타의 모습을 정확하게 알 수 있었느냐고 물었지. 왕자들은 길을 가다 길가의 왼쪽 풀만 뜯긴 것을 보고 오른쪽 눈이 보이지 않는 동물임을 알았고, 풀을 뜯어먹은 흔적을 보고 이빨 하나가 없다는 것을 알았고, 한쪽 발자국이 다른 발자국보다 약하게 된 것을 보고 다리를 전다는 것을 알았고, 또 한쪽에는 개미가, 반대쪽에는 벌들이 모여 있는 것을 보고 기름과 꿀을 등에 짊어진 것임을 알았다고 말했어.

놀랍지? 자세히 보면 보이지 않던 것도 보게 되는 법이야.

'세렌디피티'는 18세기 영국의 호레이스 월풀이라는 작가가 친구들에게 편지를 보낼 때 처음 사용한 뒤 널리 쓰이게 되었어. 월풀은 세렌디피티를 우연한 행운이라고 생각하지 않고 열심히 일하는 행복 속에서 찾아오는 행운이라 생각했어. 그래서 세렌디피티의 법칙은 노력 끝에 찾아오는 행운, 실패 끝에 찾아온 행운이라는 의미를 담고 있어.

이런 경우는 쉽게 찾을 수 있지. 오늘날 노벨상으로 유명한 노벨은 다이너마이트를 발명한 사람인데, 다이너마이트는 실수로 발명되었다고 해. 그런데 그 실수는 많은 실험과 노력을 하던 중에 일어났으니 단순한 실수로 다이너마이트를 만든 건 아니지.

또, 우리가 사용하는 메모지 '포스트잇'도 우연한 실수에 의해 발명됐다고 해. 포스트잇을 만든 회사 연구원이 강력한 접착제를 만들려고 연구를 하고 있었어. 그러던 어느 날 연구원은 원료를 잘못 배합하는 바람에 쉽게 떨어지는 접착제를 만들었어. 연구원은 큰 꾸지람을 들어야 할 상황이었지. 하지만 연구원은 실수를 숨기지 않고, 자신이 만든 잘 떨어지는 접착제를 공개했어. 물론 실수를 한 연구원이 '포스트잇'을 발명한 건 아니야. 또 다른 연구원이 잘 떨어지는 접착제에서 힌트를 얻어 지금의 '포스트잇'을 발명하게 됐어. 포스트잇도 실수로 잘 떨어지는 접착제를 만든 것이 계기가 되었지만, 그 실수도 많은 실험과 노력 중에 일어난 일이지.

세렌디피티 법칙이 무엇을 의미하는지 잘 알겠지? 그래서 발음은 어렵지만 아주 흥미로운 법칙이라고 말한 거야.

세상을 보는 눈

　세상에 우연히 찾아오는 행운은 없어. 많은 사람들이 복권 당첨은 그야말로 우연히 찾아온 행운이라고 생각하는데, 사실 복권 당첨도 우연히 찾아오는 행운은 아니야.

　복권에 당첨된 사람들을 보면, 대부분 꾸준히 복권을 산 사람들이고, 또 여러 방법으로 연구를 많이 한 사람들이라고 해. 그러한 노력이 있었기 때문에 복권에 당첨될 수 있었다는 거지. 우리가 운이 좋다고 말하는 복권조차 정말 우연은 아닌가 봐.

　우연한 행운을 바란다면 먼저 자신이 하는 일에 최선을 다해 봐. 우연한 행운도 최선 뒤에 찾아오는 것이니까.

붉은 여왕 이론

★ 뛰는 놈 위에 나는 놈이 있다

책을 좋아하는 친구라면 '붉은 여왕'의 이름만 보고도 대충 짐작했겠지? 그렇지 않은 친구는 여왕벌이나 여왕개미를 생각했을 수도 있어.

붉은 여왕은 영국의 작가 '루이스 캐럴'의 『거울 나라의 앨리스』에 나오는 인물이야. 이 작가의 대표적인 책이 『이상한 나라의 앨리스』라는 동화야. 『거울 나라의 앨리스』는 『이상한 나라의 앨리스』의 속편이라고 할 수 있어.

이 동화 내용 중에 앨리스가 붉은 여왕과 손을 잡고 달려가는 장면이 있어. 그런데 아무리 달려도 제자리인 걸 발견한 앨리스가 붉은 여왕에게 말을 해.

"우리 동네에서는 이렇게 달리면 지금쯤 어딘가에 도착하게 돼요."

그러자 붉은 여왕이 이렇게 말해.

"거긴 퍽 느린 동네로군. 여기선 있는 힘을 다해 달려야 겨우 제자리에 서 있을 수 있어. 어딘가 다른 곳에 가고 싶다면 최소한 지금보다 두 배는 더 빨리 달려야 해."

'붉은 여왕 이론'은 바로 여기에서 나왔어. 미국의 진화학자인 반 베일른 교수가 생태계의 쫓고 쫓기는 관계를 설명하면서 이 이론을 이야기했어. 어떤 생물이 진화를 하더라도 주변 환경이나 경쟁 상대의 생물이 더 빨리 진화하면 뒤처질 수 있다는 뜻이야. 쉽게 말해, 한 사람이 변화하더라도 주변 환경이나 경쟁 상대가 더 빨리 변화하기 때문에 뒤처지게 된다는 이론이지.

결국 붉은 여왕 이론은 아무것도 하지 않으면 당연히 뒤처지

게 되고, 피나는 노력을 해야 겨우 현재의 자리를 유지할 수 있다는 거야. 만약 우리가 발전을 원한다면 지금의 노력보다 두 배는 더 힘을 들여야 된다는 거지. 붉은 여왕 이론은 현대 사회의 치열한 경쟁 상황을 비유적으로 표현한 말이라고 할 수 있어.

 작은 것이라도 이루기 위해서는 지금보다 두 배는 노력을 해야 된다는 것이 바로 '붉은 여왕 이론'이야.

세상을 보는 눈

　반에서 항상 1등만 하는 친구가 계속 1등을 유지하는 일과 2등만 하는 친구가 1등을 하려는 것 중 어느 것이 더 어려울까?

　물론 1등을 계속하는 것은 힘들어. 하지만 사람들은 그보다 2등 하는 친구가 1등 하는 것이 더 어려울 거라고 생각해. 왜냐하면 이런 가정 때문이야. 1등을 하는 친구가 매일 5시간씩 공부해서 1등을 유지한다고 하고, 늘 2등을 했던 친구가 매일 4시간 정도 공부한다고 해 보자. 2등 하는 친구가 1등을 하기 위해서는 매일 5시간 이상을 공부해야 해. 그래야 1등을 할 수 있다는 단순한 계산이 나와. 그런데 이건 어디까지는 단순한 계산일 뿐이야. 나보다 조금 앞서 가는 사람들은 나보다 훨씬 많은 노력을 한다는 거지.

　차이가 벌어지지 않으려면 꾸준하게 노력해야 해. 잠시 한눈을 팔면 옆에 있던 사람들이 눈앞에서 사라져 저만치 앞으로 가거든.

바넘 효과

★ 그 이야기가 바로 나의 이야기

　선거 때나 시험 때가 다가오게 되면 사람들이 많이 드나드는 집이 있다고 해. 바로 점집이야. 점집은 돈을 받고 앞날의 좋은 일과 나쁜 일을 미리 알려 주는 곳이야.

　그런데 점을 봐주는 사람은 정말 앞날을 내다보는 초능력이 있는 것일까? 여기에는 많은 사람들이 의문을 갖고 있지. 과연 사람이 앞날을 내다볼 수 있을까? 불가능하지 않을까?

　그럼에도 많은 사람이 점집을 찾는 이유는 무엇일까?

　그건 바로 '바넘 효과Barnum effect' 때문이야. 바넘 효과는 사람들이 보편적으로 가지고 있는 성격이나 심리적 특징을 자신만의 특징으로 여기는 심리 현상을 말해. 점집에서 나오는 일반적인 점괘가 마치 자신을 그대로 묘사한다고 받아들이고 믿는 현상이야.

점을 봐주는 사람들은 가장 일반적인 이야기를 한다고 볼 수 있어. 그런데 사람들은 그것이 자신만의 이야기인양 받아들인다는 거야. 예를 들어, 수줍음이 많아 보이는 사람에게 '수줍음이 많아 친구가 별로 없으시겠네요.'라고 하면 그 사람은 너무 잘 알아맞혔다고 감탄을 하는 거지. 세상에 수줍음이 많은 사람 중에 친구가 많은 사람들이 얼마나 있겠어? 그런데 수줍음이 많은 사람은 마치 자신에게만 해당되는 이야기라고 믿는 거야. 이런 것이 바로 '바넘 효과'야.

바넘은 19세기 서커스단에서 사람들의 성격과 특징을 알아맞히던 사람의 이름이야. 바넘 효과는 여기에서 나온 말이야. 그러다 1940년대 말 심리학자인 버트럼 포러가 성격 진단 실험을 통하여 처음으로 이런 현상을 증명했어. 그래서 '바넘 효과'는 '포러 효과'라고 부르기도 해.

포러는 학생들을 대상으로 각각 성격 테스트를 한 뒤, 그 결과와는 상관없이 신문 운세 란에 나오는 내용 중 일부만을 고쳐서 학생들에게 나누어 주었어. 그랬더니 그 결과가 자신에게만 적

용되는 것으로 착각한 학생 대부분이 잘 맞는다고 대답을 했다는 거야. 그런데 포러가 학생들에게 나누어 준 신문 운세 란의 내용은 대부분의 사람이 가지고 있는 보편적인 특성이었대.

사실 '바넘 효과'가 나타나는 것은 사람들의 착각 때문이기도 해. 사람들은 어떤 일반적인 특징을 자신의 성격이라고 말하면, 다른 사람에게는 그러한 특징이 없고, 오직 자신에게만 그러한 특징이 있다고 착각하거든. 수많은 사람이 가지고 있는 특징인데 말이야.

'바넘 효과'를 알고 있는 사람들도 재미로, 위안을 얻기 위해 점집을 다니는 경우가 많아. 점집에서 좋은 이야기를 들으면 괜히 기분이 좋아지기 때문이지. 그래서 일부러 좋은 이야기만 해 주는 곳도 있다고 해. 하지만 이렇게 바넘 효과에 빠져서 점집에 가는 건 바람직하지 않겠지?

세상을 보는 눈

　사람들이 자주 쓰는 표현 중에 '운명적인 사랑, 운명적인 힘'이라는 것이 있어. 여기서 말하는 '운명'은 어떤 의미일까? 사전에서 뜻을 찾아보면, '인간을 포함한 우주의 일체를 지배한다고 생각되는 초인간적인 힘'이라고 되어 있어.

　'운명'은 우리가 거부할 수 없는 이미 정해진 어떤 것이라고 생각하기 쉬워. 그래서 사람들은 이런 말을 자주 해. '그것이 내 운명인데, 어떡하겠어?'라고 말이지.

　'운명'은 태어날 때부터 정해진 것일까? 한번 생각해 봐. '운명'을 한자로 쓰면 '옮길 운, 목숨 명'을 써서 '運命'으로 표기해. 중요한 것은 '운'자가 옮긴다는 뜻이라는 거야. 즉, 운명은 우리가 거스를 수 없고, 이미 정해진 것이 아니라 옮길 수 있다는 거지. 자신의 노력에 따라서 얼마든지 바꿀 수 있어. 그러니까 운명은 언제든 달라질 수 있다는 말이야.

8

블랙스완 효과

★ 1%의 가능성으로 일어나는 일도 분명히 있다

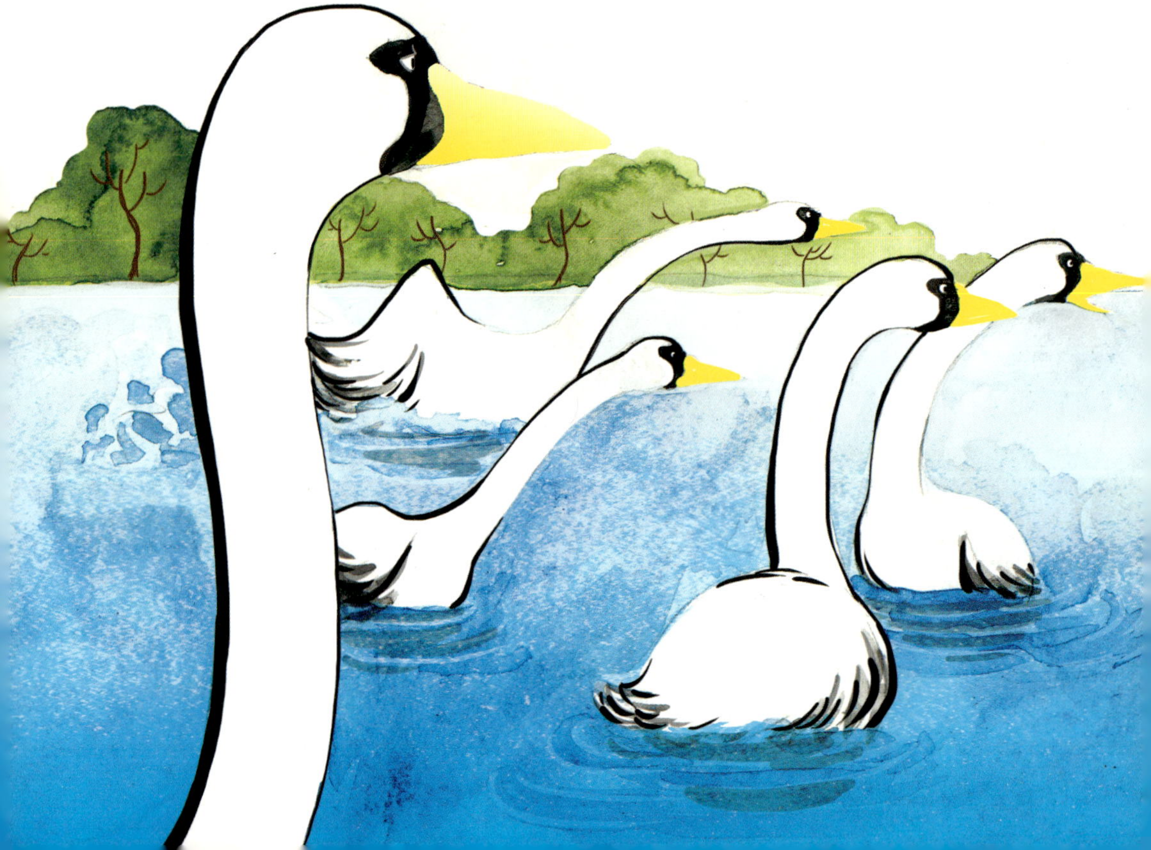

'블랙스완Black swan'이라는 새가 있어. 우리말로 해석하면 '검은 백조'라는 뜻인데, 문법에 맞지 않은 말이지, 백조를 한자로 풀이하면 '흰 새'라는 의미인데 '검은 흰 새'는 말이 안 되잖아. 그럼에도 블랙스완이라고 부르는 데는 이유가 있어.

17세기 말까지 수천 년 동안 유럽인들은 모든 백조는 희다고 생각했어. 그때까지 발견된 모든 백조가 흰색이었으니까 당연히 그렇게 생각한 거야. 그래서 백조라고 이름을 붙인 것이고. 그런데 18세기에 오스트레일리아에서 검은색 백조가 발견된 거야. 이때부터 검은색을 띤 백조를 블랙스완이라고 불렀어.

'블랙스완 효과'는 여기에서 유래된 말인데, 2007년 미국의 경제학자 나심 탈레브가 책에서 이 말을 처음으로 사용했어. 블랙스완 효과는 전혀 존재하지 않을 것이라고 생각했던 검은색 백조가 나타났듯이, 아무도 생각하지 못했던 상황이 일어나는 현상을 말해. 발생 가능성이 전혀 없어 보이는 일이 실제로 발생하는 경우를 '블랙스완 효과'라고 불러.

도저히 성공할 수 없을 것 같던 일이 성공한 경우 흔히 '기적이 일어났다.'고 말을 하는데, 이런 경우도 블랙스완 효과라고 할 수 있어.

주위를 둘러보면 블랙스완 효과에 해당되는 일들이 많아. 어떤 사람들은 지금의 물질문명 자체를 블랙스완 효과라고 말하기도 해. 과거에는 지금의 생활을 상상도 할 수 없었다는 거지. 그 말대로 10년 후가 어떻게 변할지 블랙스완 효과가 계속 일어날지는 아무도 알 수 없어.

세상을 보는 눈

블랙스완 효과는 우리에게 두 가지 교훈을 주는 말이야. 한 가지 교훈은 '1%의 가능성이 있더라도 절대 포기하지 말라.'는 거야. 요즘 아이들은 끈기가 없다는 말을 많이 해. 조금만 어려워도 쉽게 포기하고, 어려운 일은 미리 겁을 먹고 시작조차 하지 않으려고 하지.

우리가 이루려고 하는 일들은 어쩌면 1%의 가능성뿐인지도 몰라. 그러니까 더 어렵고, 더 힘들 거야. 하지만 블랙스완 효과를 믿고 모든 일을 끈기 있게 하면 분명 기적이 일어날 거야.

또 한 가지는 '1%의 의심이 생기더라도 미리 대비하라.'는 거야. 어떻게 보면 1%의 의심은 괜한 걱정일지도 몰라. 하지만 큰 목표를 이루려고 할 때는 아주 작은 부분까지 세심하게 챙기는 자세가 필요해. 왜냐하면 아주 작은 부분에서 문제가 발생하는 경우가 많거든. 그 1%의 의심이 실제로 발생하지 않는다는 법은 어디에도 없으니까.

9 오컴의 면도날 이론
★ 아주 간단하게 말해

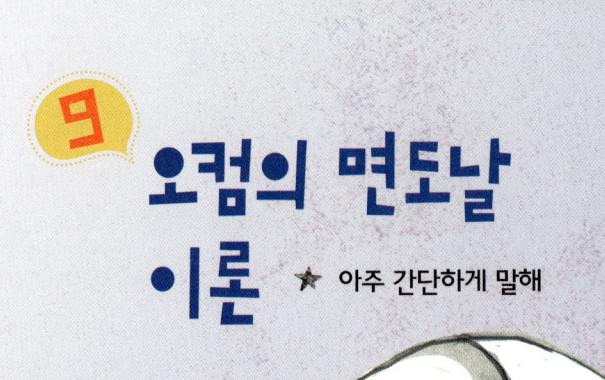

　면도날은 면도할 때 사용하는 날카로운 칼을 말해. 어른들이 쓰는 면도기를 보면 아주 날카로운 칼날이 있어. 조금만 잘못해도 쉽게 베이지.

　면도날은 날카로운 칼이니까 불필요한 아주 작은 부분까지 잘라 내는 데 제격이야.

　'오컴의 면도날Occam's razor 이론'은 이러한 면도칼처럼 어떤 것을 설명할 때 불필요한 가정을 해서는 안 된다는 거야. 불필요한 가정은 모두 버리고, 필요한 말만 간단하고 명료하게 하라는 거지. 여기서 면도날은 필요하지 않은 가설을 잘라 버린다는 비유로 쓰인 거야.

이 말은 14세기 영국의 논리학자이며 프란치스코회 수사였던 '윌리엄 오컴'의 이름에서 따온 말이야. 오컴은 책에서 이런 말을 했어.

'필요하지 않으면 많은 것을 가정하지 마라.'

'적은 수의 논리로 설명이 가능하면 많은 수의 논리를 세우지 마라.'

우리말로 더 쉽게 말하면 '같은 현상을 설명하는 두 주장이 있다면 간단한 쪽을 선택하라'는 거야.

오컴이 살던 서양의 중세 시대는 종교 철학이 번성했었어. 많은 철학자들이 복잡한 논쟁을 벌이곤 했지.

요즘도 '철학자들이 하는 말은 너무 철학적이라 일반인들이 이해하기 어렵다.'고 하는데, 중세 시대에 철학자들이 벌인 논쟁은 종교와 철학에 관한 어려운 얘기다 보니 불필요한 말들도 많이 나왔고, 결론을 내기가 어려웠던 모양이야.

오컴은 이런 불필요한 논쟁을 없애기 위해 필요 없는 말들은 과감하게 토론에서 잘라 내는 면도날을 도입하자고 제안했어. 그래서 오컴의 면도날이라는 말이 생겨난 거야.

쉽게 이해할 수 있도록 예를 한 가지 들어 볼게.

한 학생이 지각을 했어. 늦잠을 잤기 때문이지. 그런데 만약 그렇지 않다는 가정을 하면 어떨까?

한 학생이 지하철을 탔는데 지하철이 고장 나서 버스로 갈아탔어. 그런데 그마저도 고장이 나 버린거야. 학생은 어쩔 수 없이 택시를 탔어. 학교에 다 와갈 무렵 교통사고가 나고 말았지. 이렇게 여러 가지 일들이 한꺼번에 일어나면 머리가 아플거야.

오컴의 면도날은 이런 복잡한 상황을 간단하게 정리해 주지. 어떤 일이 있을 때 간단한 가설이 진실에 가까울 거라고 생각하라는 거야. 여러 번 사고가 났다는 것보다는 늦잠이 가능성이 높고 명료하다는 거지. 하지만 절대적일 수는 없다는 걸 꼭 기억해.

무엇이든 무조건 길게 설명한다고 좋은 건 아니야. 필요한 말만 간단하게, 알아듣기 쉽게 말하는 것이 더 중요할 때가 있어.

복잡한 상황에서 '오컴의 면도날 이론'대로 간단하게 정리해서 말하면 오히려 상황이 편하고 쉬워질 때가 많다는 것을 잊지 마.

세상을 보는 눈

'오컴의 면도날'은 어떤 현상을 설명할 때 불필요한 가정을 해서는 안 된다는 거야. 흔히 '경제성의 원리 Principle of economy'라고도 해. 쉽게 말해 A에서 B로 가는 여러 가지 방법과 여러 가지 길이 있지만 가장 좋은 길은 가장 빠르고 짧은 지름길이라는 얘기야. 빙 둘러 가지 말고 그냥 똑바로 가라는 거지. 그러려면 어떤 상황에 대해서 확실하게 이해하는 것이 중요해.

무엇이든 확실하게 알면 정확하고 간단하게 요점만 말할 수 있지만 잘 모르면 불필요한 설명이 곁들여져 말이 길어질 확률이 높거든.

파레토의 법칙

★ 20이 80을 책임진다

'파레토의 법칙Pareto's law'은 20%의 상품이 총 매출의 80%를 차지하고, 20%의 충성스러운 고객들이 총 매출의 80%를 차지한다는 의미를 지닌 법칙이야. 이 법칙은 이탈리아의 경제학자 빌프레도 파레토가 개미를 관찰하여 발견한 규칙을 인간 사회에 적용하여 만든 법칙이야. 흔히 '20 대 80 법칙'이라고도 불러.

파레토는 개미를 관찰하다가 전체 개미 중 20%만 열심히 일한다는 것을 발견했어. 예전부터 개미들의 모습은 우리 인간이 살아가는 모습과 많은 공통점이 있다고 알려져 있어. 그래서 파레토는 이런 현상이 우리 인간 사회에도 있지 않을까 생각한 거지.

　파레토가 인간 사회에서 발견하게 된 것은 전체 인구의 20%가 가진 재산이 전체 재산의 80%를 차지한다는 것이었어. 경제학자였으니까 이런 문제에 관심이 있었겠지. 이 현상은 쉽게 말해 10명이 가지고 있는 재산의 합이 10억이라고 한다면 그중 2명의 재산이 8억이 된다는 이야기야.

　이해를 돕기 위해 몇 가지 예를 들어 볼게. 반 친구가 모두 10명이라고 가정했을 때 말썽을 피운 사건이 총 10건 있었어. 여기에 파레토의 법칙을 적용하면 10건의 사건 중 8건은 2명의 친구들이 도맡아 일으킨 사건일 확률이 높다는 거지.

　요즘은 직접 손으로 글을 써서 편지를 보내지 않고 이메일을 많이 사용하는데, 이메일을 확인하다 보면 스팸메일이 많이 와 있는 걸 볼 수 있어. 이 이메일에도 파레토의 법칙이 적용돼. 즉, 받는 전체 이메일 중 20%만이 진짜고, 나머지 80%는 전부 스팸메일이라는 거지. 이것은 어디까지나 일반적인 확률이니까 자신의 이메일은 이런 파레토의 법칙과 다르다고 따질 필요는 없어.

또, 이런 경우도 있을 거야. 가지고 있는 옷이 총 10벌이 있다고 가정하면, 그중 8벌은 어쩌다 입고, 주로 입게 되는 것은 2벌뿐이라는 거야. 날짜로 따지면 10일 중에 8일은 자주 입는 2벌을 주로 입는다는 거지.

파레토의 법칙은 사회 현상을 설명하는 중요한 이론인데, 특히 기업을 운영하는 사람들에게는 물건 판매에 중요한 지침이 될 수 있는 이론이야. 매출의 80%는 대표 상품 20%에서 나오고, 대표 고객 20%가 책임을 지고 있다는 뜻이거든. 파레토의 법칙을 알면 보다 효과적인 판매 방법이 나오지 않을까?

세상을 보는 눈

　세상에 완전한 이론은 없어. 파레토의 법칙에도 반기를 든 법칙이 나왔어.

　20%의 충성스런 고객이 총 매출의 80%를 차지한다는 것과 달리 80%의 사소한 다수가 20%의 핵심 소수보다 뛰어난 가치를 만들어 낼 수 있다는 이론이 나온 거야. 이 이론을 '롱테일(긴 꼬리) 법칙Long Tail theory'이라고 해. 파레토 법칙에 반대된다고 해서 '역 파레토 법칙'이라고도 불러.

　롱테일 법칙은 인터넷 세상이 열리면서 새롭게 나타난 현상이야. 대표적인 예가 인터넷 서점이야. 일반 서점은 공간 때문에 많은 책을 진열하지 못해. 그래서 잘 팔리는 책 위주로 진열을 하게 되지. 그렇게 되면 서점의 매출은 잘 팔리는 20%의 책이 전체 매출의 80%를 차지하게 되는 파레토의 법칙이 적용돼.

　하지만 인터넷 서점은 온라인 공간이기 때문에 무수히 많은 책을 진열할 수 있어. 사람들은 잘 팔리는 책이 아니라 자신이 원하는 책을 언제든지 볼 수 있어. 즉, 일반 서점에서 진열이 되지 않던 80% 책들이 인터넷 서점에서는 꾸준히 팔리고, 전체 매출에서도 상당 부분을 차지

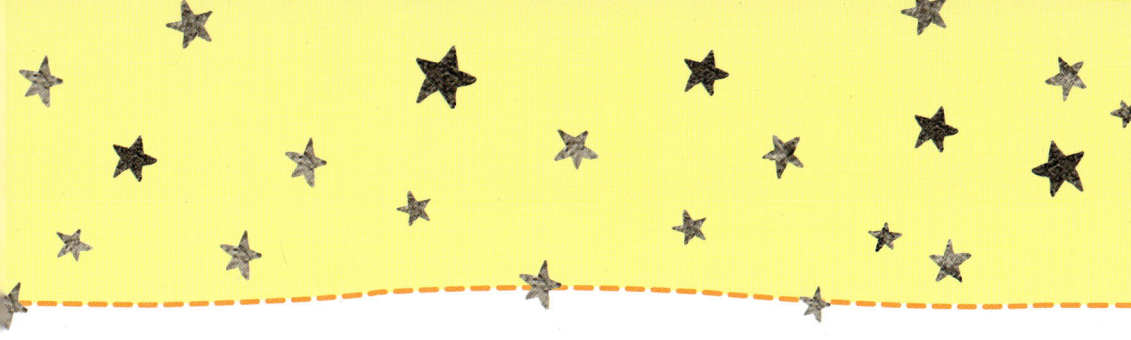

한다는 거야.

　이 법칙은 크리스 앤더슨이라는 사람이 처음 한 말인데, '롱테일 법칙'이라고 부르게 된 이유가 있어. 앤더슨은 그래프를 그려서 온라인에서 판매되는 상품의 양을 조사했더니, 판매량이 적지만 꾸준히 판매되는 상품이 무수히 많다는 것을 알게 됐어. 상품과 판매량을 나타낸 그래프에서 이들을 하나의 선으로 연결하면 공룡의 꼬리처럼 길게 이어진다고 해서 '롱테일 법칙'이라고 부르게 된 거야. 긴 꼬리 부분의 상품들의 총 판매량은 많이 팔리는 인기 상품의 총 판매량을 넘어서지.

　사실 파레토의 법칙은 우수한 소수가 모든 것을 책임진다는 생각이었어. 당연히 평범한 다수는 무시당하고, 소외됐지. 그런데 인터넷의 발달로 다수의 힘이 증명되었어. 평범한 다수는 결코 의미가 없지도, 약하지도 않아.

하인리히 법칙

헤일로 효과

치킨게임 이론

나비 효과

밴드왜건 효과

파랑새증후군　　조 지라드의 법칙

베버의 법칙

볼테라의 법칙

마지노선의 법칙

11 치킨게임 이론

★ 양보할 것인가, 아니면 모두 파멸할 것인가?

'치킨게임Chicken game'은 치킨을 많이 먹는 게임이 아니야. 만약 치킨을 먹는 게임이었다면 시시했겠지? 치킨을 좋아하고 잘 먹는 아이가 1등을 할 테니까, 특별히 법칙이라고 하기 어려울 거야.

'치킨게임'은 1950년대 미국 청년들 사이에서 유행했던 자동차 게임이야. 누가 용감한 사람인지 가리는 게임이지.

한밤중에 도로의 양쪽 끝에서 2명의 경쟁자가 차를 몰고 서로를 향해 정면으로 달리는 거야. 어느 1명이 핸들을 꺾지 않는다면 충돌할 수밖에 없어. 바로 이 순간 승패가 가려지게 돼. 충돌 직전에 어느 1명이 핸들을 꺾으면 그 사람이 지는 거야. 핸들을 먼저 꺾는 사람이 겁쟁이가 되는 거지.

만약 두 사람 모두 핸들을 꺾지 않는다면 두 사람 모두 승자가 되는 거야. 그런데 잘 생각해 봐. 마주 보고 달리는 두 차가 정면충돌을 하면 승리자는 어떤 상태일까. 둘 다 이 세상에 없는 사람이겠지?

그런데 사람들은 이 자동차 게임에서 핸들을 먼저 꺾은 사람을 치킨 취급했어. 여기서 치킨은 겁쟁이를 말해.

서양에서는 닭을 겁이 많은 동물로 생각했대. 주인이 모이를 주려고 해도 의심이 많고 겁이 많아서 가까이 오지 않는다고 말이야. 그래서 겁이 많고 도망을 잘 가는 겁쟁이를 서양 사람들은 '치킨'이라고 불렀어.

한때 미국 청년들 사이에서 유행했던 이 게임이 왜 유명하냐면, 그건 한 편의 영화 때문이야.

할아버지, 할머니 세대에 폭발적인 인기를 끌었던 '제임스 딘'이라는 미국의 영화배우가 있어. 요즘으로 치면 최고 인기 아이돌 스타야. 1950년대에 제임스 딘이 주연한 영화에서 치킨게임을 하는 장면이 나와. 아주 멋있게 말이야.

하지만 누가 봐도 치킨게임은 정말 어리석어. 겉보기에는 용기를 증명하는 것처럼 보이지만 결국은 그 용기를 증명하기 위해 죽는 바보 같은 행동이잖아.

그래서 치킨게임은 서로 양보하거나 협동하지 않아 결국 모두 파멸에 이르게 되는 경우를 설명할 때 사용해.

치킨게임 이론은 정치에서 많이 쓰였어.

지금 세계에서 가장 강한 나라는 미국이라 할 수 있어. 50~60년 전만 해도 세계 최고의 강대국이라고 하면 두 나라를 꼽았어. 민주주의 나라에서는 미국, 사회주의 나라에서는 소련이 최고의 강대국이었지.

그때 미국과 소련은 서로에게 맞서기 위해 경쟁적으로 무기를 개발하고 늘렸어.

보다 많은 무기와 성능 좋은 무기 개발이 전쟁의 승패를 좌우했기 때

문이지. 그런데 과학이 발달하면서 무기도 점점 더 발달해 지구를 위협할 정도가 되었지. 핵무기를 생각하면 쉽게 이해될 거야.

두 나라가 전쟁 무기를 경쟁하듯 개발하는 건 결국 둘 다 파멸할 가능성이 높아. 그래서 두 나라가 가진 전쟁 무기와 개발을 빗대어 '치킨게임'이라는 말이 나왔고, 그 이후 치킨게임 이론은 정치적 용어로 굳어지게 되었어.

우리 주위에도 이런 치킨게임 같은 경우가 많아. 친구들끼리 자존심 세우다가 모두 낭패를 당하는 일이 그렇지.

어느 한쪽이 양보하거나 협조한다면 모두 행복할 수 있는데, 양보나 협조는 용기가 없는 행동이라고 착각해서 벌어지는 일이니까. 괜히 서로 자존심 세우다가 모두 손해 볼 필요는 없잖아. 혹시 생활하다가 별일도 아닌데 자존심 때문에 곤란해지면 치킨게임의 교훈을 기억해.

세상을 보는 눈

힘이 센 두 사람이 있었어. 두 사람 모두 자신이 마을에서 가장 힘이 세다고 자랑하고 다녔어. 사람들은 누가 더 힘이 센지 궁금했어. 그 두 사람도 힘을 겨루고 싶었지. 하지만 두 사람 다 상대방이 힘이 세다는 것을 알고 있었어. 그래서 싸움을 하더라도 자신이 반드시 이길 거라고 장담하기 어려웠지.

만약 두 사람의 힘 차이가 많이 나는 경우라면 약한 사람이 일방적으로 당하겠지. 힘 센 사람은 아무런 피해도 입지 않을 것이고, 힘겨루기는 승부가 날 거야.

만약 힘이 센 두 사람이 서로의 힘을 인정하고 타협한다면 아무런 피해도 입지 않겠지만, 자신의 힘을 자랑하기 위하여 끝까지 싸움을 한다면 결국 두 사람 모두 엄청난 피해를 입을 거야. 그러니까 이 싸움은 치킨게임처럼 누가 더 바보인지를 겨루는 거라 할 수 있어.

12 하인리히 법칙
★ 큰 사건은 예고 없이 갑자기 일어나지 않는다

어른들은 일기예보를 보지 않고도 비가 곧 온다는 것을 알아맞히는 경우가 많아. 일기예보를 몰래 본 건 아닐 텐데 말이지. 어른들이 비가 오는 걸 미리 아는 데는 나름대로 과학적인 근거가 있어. 보통 어른들은 '몸이 쑤시는 걸 보니 곧 비가 올 모양이야.'라고 말해. 할아버지, 할머니가 있는 친구들은 이런 말을 많이 들었을 거야. 몸 상태를 통해서 비가 오는 것을 예측한 거지.

어떻게 그런 일이 가능할까? 일반적으로 날씨가 맑은 날은 대기가 고기압 상태고, 날씨가 흐리거나 비가 오는 날은 저기압 상태가 돼. 우리 몸은 이런 외부의 기압에 아주 민감하게 반응해. 날씨가 맑은 고기압 상태에서 날씨가 흐린 저기압 상태가 되면 우리 몸도 외부의 기압에 따라 변하게 돼. 그 과정에서 어른들은 종종 몸에 통증을 느끼지. 그래서 어른들은 몸이 쑤시는 증상이 나타나면 곧 비가 올 거라는 것을 아는 거야.

또, 비가 온다는 것을 미리 알 수 있는 징후는 우리 주위에서 찾아볼 수 있어. 과학적인 징후들이니까 알아 두면 좋을 거야.

제비가 갑자기 낮게 난다면 곧 비가 온다는 징후야. 비가 내리기 직전에는 공기 속의 수증기가 많아져 습도가 높아. 그래서 날개가 있는 곤충은 높은 습도 때문에 잘 날 수가 없어. 아예 날지를 못하거나 낮게 날아다니게 돼. 알다시피 제비는 곤충들을 잡아먹는 새거든. 그러니까 공기 중 습도가 높아지면 제비는 곤충들을 잡아먹기 위해 낮게 날게 되는 거야.

그리고 또 개미가 담을 쌓거나 대이동을 하면 곧 비가 온다는 징후야. 개미는 습도를 감지하는 기능이 발달해서 저기압 상태가 되면 비가 올 것을 알고 안전한 곳으로 피하거나 입구에 담을 쌓아 비가 올 때를 대비한대. 아주 영리한 곤충이지.

그리고 늘 듣던 근처의 기차 소리가 평소보다 유난히 크고 가깝게 들린다면 곧 비가 온다는 징후야. 소리는 습도가 높으면 평소보다 더 빨리 전달되거든.

비가 오면 그냥 '비가 오는구나.' 하고 생각할지 모르지만, 비가 오기 전에는 이런 여러 가지 자연의 변화, 징후가 생겨. 그다음 비가 내리지.

앞의 이야기를 귀담아 들었다면 '하인리히 법칙 Heinrich's law'은 어렵지 않을 거야.

하인리히 법칙은 큰 사고가 어느 날 갑자기 발생하는 것이 아니라 그와 비슷한 작은 사고들이 반복적으로 일어나는 과정 속에서 발생한다는 것을 밝힌 법칙이야. 쉽게 말해 큰 사고는 항상 사소한 사고들을 방치했을 때 발생한다는 거지.

다르게 생각하면 이런 이야기도 돼. 사소한 일이 발생하였을 때 그 원인을 파악하여 문제를 해결하면 큰 사고를 미리 막을 수 있다는 거지. 듣고 보니 아주 중요한 이야기지?

'하인리히 법칙'은 1931년 하인리히라는 사람이 처음 소개한 법칙이야. 당시 하인리히는 보험 회사에 다니고 있었어. 그래서 여러 가지 사고를 많이 볼 수 있었어. 그 사고들을 통해 한 가지 법칙을 발견했지.

그것을 하인리히는 '1대 29대 300 법칙'이라고 불렀어. 우리 주위에서 사람이 죽거나 큰 부상을 당하는 대형 사고가 1건 일어날 경우, 그와 같은 원인으로 일어나는 가벼운 사고가 29건, 다행히 사고는 면했지만 아찔한 순간을 경험한 경우가 300건이 존재한다는 거야.

'하인리히 법칙'은 단순히 사고에만 적용되는 법칙이 아니야. 살아가는 데 좋은 교훈을 주는 법칙이지. 사소한 문제가 발생했을 때 중요하지 않다고 방치하면 안 된다는 것! 작은 문제라도 원인을 파악하고 해결하려는 자세가 필요해.

내 주위에 여러 가지 사소한 문제들이 일어난다면 반드시 그 원인을 파악하고 해결하는 것이 좋아. 큰 문제가 될지도 모르는 징후들이니까.

세상을 보는 눈

학교에서 일어나는 가장 좋지 않은 일은 왕따와 학교 폭력이야. 두 가지 다 모두 심각한 결과를 가져오기 때문이야. 왕따나 학교 폭력의 피해를 입는 학생 대부분은 정상적으로 학교생활을 못 할 뿐 아니라 일상생활에서도 어려움을 겪게 되지. 피해 학생이나 가해 학생 모두에게 불행한 일이야.

그런데 사람들은 대부분 사건이 터진 다음에야 잘못을 뉘우치는 경우가 많아. 사소한 행동이 엄청난 결과를 불러온다는 것을 생각하지 못한 거지. 만약 자신의 행동이 나쁜 결과가 될 수 있다는 것을 미리 알고 있었다면 어느 누구도 사소한 장난이나, 나쁜 행동을 하지 않을 거야.

학교생활을 하면서, 사소하지만 옳지 않다고 느껴지는 일은 항상 다시 생각해 보는 자세를 가져 보는 것이 좋아.

13 나비 효과

★ 사소한 행동 하나가 아주 다른 결과를 가져온다

 브라질에 있는 나비의 날갯짓이 미국 텍사스에서 돌풍을 일으킬 수 있을까? 믿을 수 없겠지만 나비의 날갯짓으로 생긴 작은 바람이 거대한 돌풍을 일으킬 수 있어. 이게 바로 '나비 효과 Butterfly effect'야.

 나비 효과는 미국의 기상학자인 로렌츠가 처음으로 발표한 이론이야. 로렌츠는 일기예보가 정확하지 않은 것에 대해 늘 의문을 가졌어. 그래서 컴퓨터로 기상 현상을 수학적으로 분석하는 실험을 했지. 날씨를 좌우하는 여러 가지 요소의 값을 컴퓨터에 입력하고 그 변화를 지켜봤어. 그런데 날씨를 좌우하는 요소들의 값을 조금 높이자 나비의 날갯짓에 불과하던 바람이 거대한

돌풍으로 변했어. 실험은 아주 놀라웠지.

로렌츠는 자신의 실험 결과를 논문으로 발표했고, 거기서 '나비 효과'라는 말이 나오게 된 거야. 로렌츠는 이 실험을 통해 일기예보가 왜 정확하지 않은지에 대한 의문을 풀 수 있었어. 날씨를 좌우하는 여러 요소 가운데 어느 하나가 조금만 변해도 아주 다른 결과가 나올 수 있기 때문이지. 그래서 기상 예측은 시간이 지날수록 오차가 크게 나타나고, 장기적인 기상 예보는 불가능하다는 결론을 얻을 수 있었어.

나비 효과는 날씨와 관련된 과학 이론이었는데, 요즘은 작고 사소한 행동 하나가 나중에 커다란 변화를 가져온다거나, 아주 작은 차이 하나가 전혀 다른 결과를 가져온다는 의미로 쓰이는 말이 되었어.

길을 가다가 무심코 버린 깡통 하나가 전쟁을 일으킬 수도 있어. 말도 안 되는 소리 같지만 전혀 불가능한 일도 아니란 걸 나비 효과를 통해 알 수 있어. 작은 행동 하나가 주위에 어떤 영향을 끼쳐서 어떻게 변화시킬지는 아무도 모르는 일이니까.

세상을 보는 눈

　우리의 삶은 '나비 효과'와 같다고 할 수 있어. 살면서 간단한 것들을 예측할 수 있지만 조금만 복잡해져도 결과를 알 수 없는 일들이 많거든.

　예를 들어 공부를 아주 잘하는 사람이 좋은 대학 나와서 좋은 회사에 다닐 확률은 높아. 하지만 그것도 어디까지나 예측일 뿐이야. 그 사람에게 어떤 사건이나 행동으로 인해 전혀 다른 일이 생길 수도 있고, 예측을 벗어난 삶을 살 수도 있어. 반대로 공부도, 운동도 특별히 잘하는 것이 없던 친구가 사소한 기회나 도움으로 인해 아무도 예측하지 못했던 삶을 사는 경우도 많아. 지금 내가 남들보다 못하다고 절대 실망하지 마. 나의 작은 행동과 생각이 아주 다른 미래를 만들 수 있으니까.

　내가 건넨 작은 친절이 다른 사람을 변화시킬 수 있다는 것도 잊지 마. 그로 인해 나도 변할 수 있고, 우리의 행동은 돌풍을 불러오기도 하니까. 지금 나의 행동이 얼마나 중요한지 기억하길 바라.

헤일로 효과

후광 효과 ★ 얼굴이 예쁘니까 마음도 예쁠 거야

예수님이나 부처님 그림을 보면 얼굴 주위로 빛나는 원 모양이 그려져 있어. 그것을 후광이라고 해. 후광을 글자 그대로 해석하면 뒤에 있는 빛이라는 뜻이야. 아주 멋진 사람을 말할 때 후광이 비친다는 표현을 쓰기도 하지.

후광은 어떤 사물을 더욱 빛나게 하거나 두드러지게 하는 주변의 환경이나 상황들을 비유적으로 말할 때 쓰여. 흔히 '그는 아버지의 후광으로 빨리 성공했다.'고 할 때 후광의 의미가 바로 그런 경우지.

영어의 헤일로halo는 후광이라는 뜻으로 심리학에서 나온 말이야. 매력적인 사람을 보고, 우리는 그 사람이 지적이고 관대하

며 성격은 물론이고 집안도 좋을 것이라 선입관을 갖기 쉬워.

헤일로 효과는 우리가 어떤 대상을 평가할 때 그 대상의 한쪽 면이 다른 면에 영향을 미치는 현상을 말해. 우리가 어떤 사람의 외모에서 좋은 인상을 받았다면 그 사람의 성격도 좋을 거라 생각하는 것처럼. 사실, 외모가 잘생겼다고 성격까지 좋은 건 아닌데 말이야. 물론 얼굴도 예쁘고 성격도 좋은 사람이 있지. 일반적으로 좋은 인상을 준 사람은 모든 면에서 다수의 사람에게 좋게 평가된다는 것이 헤일로 효과야.

그런데 헤일로 효과는 한 가지 심각한 단점을 가지고 있어. 때로 공정하지 못하다는 거야. 인상만을 가지고 사람을 평가하는 거니까. 예를 들면 '유쾌한 사람은 일도 재미있게 할 것이다.'라고 판단하는 거지. 성격과 일이 비례하는 건 아니잖아.

우리가 '헤일로 효과'의 단점에 빠지지 않으려면 우선 선입관을 가지지 말아야 해. 사람을 이유 없이 미워할 필요도 없지만 무조건 좋게 보는 것도 옳은 태도는 아니야. 항상 객관적이고 공정한 판단을 할 수 있는 자세를 갖추는 것이 중요해.

헤일로 효과를 잘 이용하면 긍정적인 효과도 많이 볼 수 있어. 예를 들어 좋은 이미지를 가지고 있는 기업이 상품 하나를 출시

했다고 생각해 봐. 특별하게 그 상품을 홍보하지 않아도 소비자들은 그 회사의 상품은 믿을 수 있다고 생각하지. 좋은 기업 이미지를 가지고 있다는 것은 결국 좋은 상품을 많이 만든 결과로 얻은 것이기 때문에 이런 경우에 헤일로 효과는 긍정적으로 작용했다고 볼 수 있지. 이처럼 헤일로 효과는 무엇을 더욱 빛나게 하는 데 효과적이야.

반대로 헤일로 효과 때문에 힘든 경우가 있어. 사람들의 기대를 만족시키기 위해, 늘 모든 걸 잘해야 하는데 그럴 수는 없잖아. 기대가 큰 만큼 실망도 큰 거지. 다시 생각해 보면, 헤일로 효과는 빛 뒤에는 항상 그림자가 있다는 걸 알려 주는 말이기도 해.

텔레비전을 켜면 배우들이 나와서 연기를 하는 걸 볼 수 있어. 배우들은 주어진 배역을 연기하는데 사람들은 착각하곤 해. 나쁜 사람으로 나오면 그 사람이 실제 그런 것처럼 착각을 하고, 학자 역할을 맡았으면 실제 그 배우가 똑똑할 거라고 말이야. 모두 우리의 착각이야. 또 좋은 역할만을 맡았던 배우는 모든 면에서 좋은 사람일 거라고 신뢰해. 그러다 혹시 안 좋은 사건에 그 배우가 연관이 되면 사람들은 매우 실망하지. 그 배우의 이미지와 본질은 다를 수 있는데도 말이야.

조심해야 할 부분이지. 사람을 한 면으로 판단하는 일은 위험할 수 있다는 걸 명심해.

파랑새증후군
★ 혹시, 더 나은 뭔가가 있지 않을까?

혹시, 파랑새를 본 적이 있니? 이 새는 좋은 일이 있을 거란 걸 알려 주는 새라고 알려져 있어. 길이는 30센티미터 정도이고, 몸 전체 색깔은 짙은 청록색이며, 다리와 부리는 붉은색이야. 주로 일본이나 인도, 호주 등지에서 사는 새여서 우리나라에서 보기는 쉽지 않아. 이 파랑새와 관련된 재미난 병이 있는데, 바로 '파랑새증후군Bluebird syndrome'이라는 병이야.

파랑새증후군은 벨기에의 극작가 '마테를링크'가 쓴 동화극 『파랑새』에서 유래된 말이야.

동화의 주인공 치르치르와 미치르 남매는 행복의 파랑새를 찾아서 숲속을 헤매. 하지만 파랑새를 찾지 못해. 왜냐하면 파랑새는 치르치르와 미치르의 집 새장 속에 있었기 때문이지. 남매는 자기 집에 있는 파랑새를 보지 못하고 밖에서 먼 곳으로만 찾아다닌 거야.

　'파랑새증후군'은 『파랑새』의 주인공 남매처럼 현재의 삶 속에서 행복을 찾지 못하고, 앞으로 다가올 미래의 행복만을 꿈꾸며 현실에 적응하지 못하는 일을 말해.

이런 증상은 대부분 현재 자신의 직업에 만족하지 못하고 심한 스트레스를 받고 살아가는 직장인들에게 많이 나타나.

또 부모님의 과잉보호 속에서 자란 사람들에게서도 파랑새증후군은 많이 나타나지.

현실에 만족하지 못한다는 건 현실의 어려움을 이기지 못하고 더 편하고 쉬운 것을 찾는 것과 연관이 있을 거야. 지금 우리 사회의 문화가 그렇잖아. 어렵고 힘든 일은 하지 않으려 하고 쉽고 편한 것만 찾잖아.

파랑새증후군은 육체적, 정신적으로 나약한 사람에게 많이 나타나. 몸과 마음이 약하면 허황된 꿈을 많이 꿀 수 있거든. 동화극 『파랑새』의 이야기처럼 먼 곳의 행복을 찾으려고 시간을 낭비하지 말고, 행복은 지금 내 주위에 있다는 것을 알아야 하겠지.

세상을 보는 눈

나이는 어른이지만 생각과 행동을 어른처럼 하지 못하고, 여전히 어린아이와 같은 생각과 행동을 하는 사람들을 일컬어 '피터팬증후군 Peter Pan Syndrome'에 걸렸다고 해.

피터팬은 영국의 극작가 배리가 쓴 아동극에 나오는 주인공 이름이야. 이 아동극에는 영원히 어른이 되지 않는 소년 피터팬이 나와. '영원히 어른이 되지 않는 소년'이란 말에서 '피터팬증후군'이 생겨났어. 피터팬증후군 역시 과잉보호를 받고 자란 사람들에게 많이 나타나. 피터팬증후군에 걸린 사람들은 어른인데도 어린아이처럼 생각하고 행동해. 어른이 아이처럼 행동하면 현실에 적응하기 어렵지. 그런 의미에서는 '파랑새증후군'과 비슷해. 모두 현재의 중요성을 모르고 현실에 적응하지 못하니까.

많은 사람이 미래를 꿈꾸며 살아가지. '지금'은 다시 오지 않아. 그런데 현재가 즐겁고 행복하지 않다면 미래가 행복할까?

또, 현실이 힘들고 어려워서 꿈만 꾸는 사람들이 있어. 그런데 현실의 벽을 넘지 못하면 행복은 계속 닿을 수 없는 미래에만 있을 거야.

'파랑새증후군'에 걸리지 않는 방법은 간단해. 현실에 충실하고, 즐

겁고 재밌게 지내려고 노력하는 거야. 그리고 현재의 어려움과 싸워서 이기는 거지. 어려움은 못 본 척한다고 해서 해결되지 않아. 어차피 미래에도 어려움은 있어. 하지만 좌절하지 마! 어려운 일 뒤에는 언제나 행복이 숨어 있거든. 어려움을 잘 이겨 내고 만나는 행복이야말로 진정한 행복이 아닐까?

16 밴드왜건 효과
★ 친구 따라 강남 간다

'친구 따라 강남 간다'는 속담 들어 본 적 있니? 아마 한두 번은 들어 봤을 거야. 그런데 여기서 말하는 '친구'나 '강남'은 너희가 짐작하는 친구나 우리나라 한강의 남쪽을 말하지 않아. 여기서 친구는 제비를 뜻하고, '강남'은 중국 양쯔강 남쪽의 강남 지역을 말해. 중국에 있는 제비들은 가을이 되면 따뜻한 지역을 찾아 양쯔강 남쪽으로 이동을 해. 한 마리가 이동하면 다른 제비들도 따뜻한 곳을 찾아 남쪽으로 이동해. 여기서 '친구 따라 강남 간다'는 말이 생겨난 거야.

이 속담은 친구가 간다고 하니까 별생각 없이 먼 길을 따라가는 사람을 비유적으로 이르는 말이야.

그런데 이 속담과 비슷한 뜻을 가진 말이 서양에도 있어. 바로 '밴드왜건Bandwagon 효과'야. 조금 쉬운 영어니까 너희가 충분히 해석할 수 있을 거야. 밴드는 음악을 연주하는 악대를 말하고, 왜건은 마차를 의미하니까 '밴드왜건'은 우리말로 음악대 마차로 해석할 수 있어.

요즘은 서커스를 찾아보기 어려워서 잘 모르겠지만 예전에는 마을에 서커스가 들어오면 서커스를 홍보하기 위해서 차나 마차 같은 것에 악대를 태워서 행진을 했어. 바로 이 악대를 이끌고 가는 차나 마차를 밴드왜건이라고 불러. 밴드왜건이 지나가면 궁금해서 사람들이 모여들고, 몰려가는 사람들을 본 다른 사람들이 또다시 몰려들면서 사람들이 엄청나게 불어나게 돼. 이처럼 사람들을 따라 생각 없이 몰려드는 현상을 밴드왜건 효과

라고 해.

　이 용어는 1848년 미국 대통령 후보로 출마했던 자카리 테일러의 선거 운동에서 댄 라이스라는 사람이 사람들의 관심을 끌기 위해 밴드왜건을 사용하면서부터 쓰기 시작한 말이야.

　시장은 밴드왜건 효과가 가장 잘 나타나는 곳이야. 어떤 제품이 잘 팔리면 사람들이 소문을 듣고 너나없이 그 제품을 사거든.

　유행도 밴드왜건 효과의 대표적인 사례 중 하나라고 할 수 있어. 유명 연예인이 입은 옷이나 액세서리는 금방 사람들에게 퍼지는데, 이런 현상도 남이 하니까 나도 따라 하는 밴드왜건 효과인 셈이지.

　밴드왜건 효과는 잘 활용하면 놀라운 효과를 낼 수 있기 때문에 정치인들이나 상인들이 많이 사용해.

세상을 보는 눈

종종 엄마 아빠도 밴드왜건 효과에 휩쓸리곤 해. 텔레비전에서 좋은 학습 방법에 관한 내용이 나오면 너희가 다른 친구들에게 뒤처질까 봐 좋은 학습 방법으로 가르친다고 소문난 학원으로 보내잖아.

내가 가고 싶은 학원이 아니라, 나한테 꼭 필요한 학원이 아니라 다른 사람이 가니까 무조건 가는 거지. 정말 다니기 싫겠지? 그럼 아무 생각 없이 부모님이 하자는 대로 따라 하지 말고, 생각을 당당히 밝혀 봐. 학년이 높아질수록 스스로 결정하는 사람이 되어야 하잖아.

이제는 내가 하고 싶은 일, 내가 잘할 수 있는 일, 내가 재미있는 일을 찾아. 부모님에게 말해 봐. 나에게 주어진 시간을 생각하면 나의 생각과 상관없이 휩쓸려 다니면서 보낼 시간이 없어. 스스로 선택하고 책임질 줄 아는 멋진 친구가 되어야지!

17 베버의 법칙
★ 매도 자주 맞으면 아프지 않다

옛날 어른들은 '애들은 맞으면서 커야 제대로 큰다.'고 했어. 부모님은 아마 이 말을 잘 알고 있을 거야. 지금과 과거의 문화적 차이기도 하지.

아마 매를 맞아 본 친구들이라면 이 법칙을 쉽게 이해할 수 있을 거야. 매는 처음 맞을 때 가장 아파. 그다음부터는 점차 아픈 정도가 약해지는 것을 느낄 수 있지. 이런 현상이 바로 '베버의 법칙Weber's law'이야.

사실 베버의 법칙은 간단한 법칙은 아니야. 처음에 약한 자극을 받으면 그다음 자극을 받을 때 작은 자극에도 쉽게 차이를 느끼지만 처음에 강한 자극을 받으면 그다음은 자극의 변화가 커야 차이를 느낄 수 있다는 거야. 의미는 앞에서 이야기한 매 맞는 것과 같아.

처음 매를 맞을 때는 맞지 않을 때와 차이가 매우 크기 때문에 아픔을 느끼지만 두 번째 매부터는 첫 번째 매와 차이가 별로 없기 때문에 아픔을 많이 느끼지 못하는 것과 같은 이치야.

이러한 현상을 발견한 사람이 독일의 생리학자인 '베버'라는 사람이야. 그래서 '베버의 법칙'이라고 부르지. 베버는 역도에서 이 법칙의 힌트를 얻었다고 해.

어떤 사람이 50그램의 추를 들고 있었을 때는 1.5그램의 무게를 추가해야 그 차이를 느낄 수 있대. 그런데 100그램의 추를 들고 있었을 때는 1.5그램의 무게를 추가해도 그 차이를 느끼지 못했다는 거야. 3그램을 추가해야 그 차이를 느꼈다는 거지. 그리고 200그램의 추를 들고 있었을 때는 6그램을 추가해야 그 차이를 느낄 수 있었대. 즉, 무게가 많이 나갈수록 일정 비율 이상(여기서는 두 배 이상)의 자극이 가해져야 그 차이를 느낀다는 사실을 발견한 거야. 이런 베버의 법칙은 우리 일상생활에서 많이 발견할 수 있어.

개구리에 관한 슬픈 이야기를 해 줄게. 개구리를 처음에 뜨거운 물이 있는 냄비에 집어넣으면 개구리는 바로 뛰쳐나와. 뜨거운 물속에 가만히 앉아 있는 개구리는 없을 테니까 당연한 결과지. 그런데 차가운 물이 담겨 있는 냄비에 개구리를 집어넣고, 서서히 열을 가하면 개구리는 죽고 만다는 거야. 물이 조금씩 뜨거워지는 것을 느끼지 못하기 때문이래.

너희도 이런 경험을 한 적이 있을거야. 목욕탕에서 뜨거운 물이 담긴 욕탕에 처음 들어가면 뜨거워서 뛰쳐나오지만, 일단 들어간 후에는 편안하게 있을 수 있지. 이게 베버의 법칙이야.

또 도서관에서는 작은 소리도 잘 들리지만 공연장이나 지하철역 같은 곳에서는 큰 소리로 말해도 잘 들리지 않잖아. 사탕을 먹고 난 뒤에는 단 꿀수박을 먹어도 달다는 생각이 안 들지. 낮

에 촛불을 켜 놓으면 밝은지 잘 모르지만 밤에 켜 놓으면 밝지. 이런 것들도 모두 베버의 법칙이라고 할 수 있어.

베버의 법칙을 제대로 이해한 친구라면 번뜩 떠오르는 생각이 있을 거야. 아무리 작은 것이라도 습관처럼 나쁜 일을 하면 안 된다는 거지. 나쁜 일을 자주 하면 점차 감각이 무뎌져 그게 나쁜지도 모르게 될 테니까, 명심해야겠지?

물론 좋은 일이라면 자주 해도 좋지만 말이야.

세상을 보는 눈

누구나 안 좋은 일을 극복하는 방법이 한 가지쯤 있을 거야. 혹시 그 방법이 '베버의 법칙'과 관련이 있는 건 아닌지 생각해 봐.

예를 들어 놀다가 아주 귀한 물건을 깨뜨렸다고 해 보자. 엄마가 엄청 화를 내시겠지? 심하게 꾸중을 들을 텐데, '벌을 설 수도 있겠지.' 이렇게 생각하고 있는데, 부모님이 실수로 한 일이니까 크게 나무라지 않고 그냥 지나갔어. 어떤 기분이 들까?

안 좋은 일이 벌어졌을 때 최악의 상황을 생각하면 실제 일의 결과가 나왔을 때 오히려 안심이 되지. 최악의 결과가 나왔다고 해도 이미 그 상황을 한번 상상해 봤기 때문에 충격은 덜할 거야. 이것도 일종의 베버의 법칙인 셈이지.

18 조 지라드의 법칙

★ 250명이 나를 알고 있다

우리는 태어나서 죽을 때까지 몇 명이나 알고 지낼까? 많이 알면 알수록 인간관계는 더욱 넓어지겠지. 하지만 너무 많은 사람을 알고 지내면 아쉬운 점도 있어. 그건 한 사람과 많은 시간을 함께할 수 없다는 거야. 시간은 누구에게나 공평하게 주어지니까.

많은 사람을 아는 것도 중요하지만 가까운 사람들과 시간을 보내고 정을 쌓는 것은 중요한 일이거든.

양이 더 중요한가, 질이 더 중요한가의 문제일 수도 있지만 어느 것이 더 낫다고 말하기는 어려워. 각자 자신만의 삶의 가치관이 있으니까 말이야. 많은 사람과 사귀면서 모두와 친하게 지내

는 것이 제일 좋지만 어렵지.

보통 사람은 평생 동안 몇 명을 알고 지낼까? 정확하지는 않지만 대략 250명 정도라고 해. 이 숫자를 밝혀 낸 사람은 미국의 전설적인 자동차 판매왕인 '조 지라드'야.

조 지라드는 기네스북에 12년 연속으로 자동차 판매왕에 오른 사람이야. 12년 동안 지라드가 판 자동차가 13,000대나 된다고 해. 12년 동안 매일 3대의 자동차를 하루도 빠지지 않고 팔아야 되는 일이야. 암튼 대단한 기록이라고 할 수 있어.

조 지라드가 특별한 능력이 있어서 이런 결과를 이뤄 낸 건 아니야. 오히려 조 지라드는 30대 중반까지 실패한 삶을 살았어. 고등학교를 중퇴하고 35세가 될 때까지 직업을 40번이나 바꾸었거든.

조 지라드의 인생이 완전히 바뀌게 된 건 우연한 기회에 자동차를 판매하게 되면서부터야. 그리고 그가 자동차 판매로 성공하게 된 것은 어느 장례식장에서 발견한 '250 법칙' 때문이었어.

어느 날 조 지라드는 친구의 어머니 장례식장에 가게 되었어. 당시 가톨릭 장례식에서는 문상객들에게 고인의 사진이 들어 있는 카드를 나누어 주는 관습이 있었다고 해. 조 지라드는 이 카드를 보고, 몇 장이나 인쇄를 하는지 궁금했어. 장례식을 도와주는 직원이 조 지라드에게 대략 250장을 인쇄한다고 말해 주었어. 그건 경험을 통해서 나온 숫자였어. 보통 장례식장의 문상객은 250명 정도이기 때문에 그 숫자만큼 인쇄한다는 거였어.

조 지라드는 이 말이 사실인지 확인하려고 다른 장례식장을 갔는데, 거기서도 똑같은 말을 들을 수 있었지. 그리고 결혼식장에서도 참석한 하객의 수는 250명 정도라는 것을 알 수 있었어. 조 지라드는 여기서 아주 중요한 사실을 알게 되었어.

한 사람이 평생 동안 관계를 맺는 사람의 수가 250명 정도라는 거였어.

조 지라드는 이 사실을 자동차 판매에 연결시켰어. 지라드는 한 사람과의 신뢰가 곧 250명의 신뢰를 얻게 만든다는 것을 알게 되었던 거야. 또, 그것을 반대로 생각하면 한 사람에게 신뢰를 잃게 되면 250명의 신뢰를 잃게 된다는 것이었어. 그래서 조 지라드는 한 사람, 한 사람에게 정성을 기울였다고 해. 이것이 조 지라드가 자동차 판매왕이 된 이유였어. 이런 현상을 '조 지라드의 법칙'이라고 해. 흔히 '250명의 법칙'이라고도 불러.

세상을 보는 눈

'조 지라드의 법칙'을 보면 보통 사람들이 평생 동안 관계를 맺는 사람이 250명 정도라는 걸 알 수 있어. 지금은 어려서 250명이 무척 많다고 느껴질 거야. 하지만 커 가면서 관계는 점점 넓어지고, 더 많은 사람을 알게 되지.

물론 조 지라드가 이야기한 250명은 평균이야. 사람마다 그 수는 다 달라. 250명보다 훨씬 많은 사람과 관계를 맺으며 지낼 수도 있고, 그보다 적은 수의 사람과 관계를 맺으며 지낼 수도 있어.

아는 사람이 많다고 무조건 좋은 건 아니야. 얼마나 끈끈한 정으로 이어져 있는가도 중요하니까.

또 아는 사람이 적은 것도 바람직한 것은 아니야. 자신의 행동이나 말에 문제가 있어서 적은 사람하고만 관계를 맺고 지내는 것일 수도 있으니까.

지금은 마음만 먹으면 쉽게 더 많은 사람과 관계를 맺을 수 있어. 누구라도 SNS 매체를 통해 친구가 될 수 있으니까, 얼굴을 몰라도 서로에 대해 잘 알지 못해도 얼마든지 관계를 맺을 수 있지.

우리가 말과 행동을 조심해야 하는 이유가 여기에 있어. 좋은 행동을 아무리 많이 했어도 한순간 나쁜 행동을 하게 되면 나쁘게 기억돼. 좋은 사람으로 기억되려면 나 자신을 되돌아보고 문제점이 있다면 고쳐야겠지. 매 순간 조심하면서 좋은 모습으로 기억될 수 있게 행동해야 해. 최소한 '조 지라드의 법칙' 처럼 250명에게는 좋은 감정, 깊은 신뢰를 주는 사람으로 기억돼야 하지 않을까?

19 마지노선의 법칙

★ 너무 완벽하면 나태해지기 쉽다

'더 이상은 양보 못 해. 이게 마지노선이야.'라는 말을 들어 봤지? 최후의 한계선을 '마지노선Maginot Line'이라고 해. 사람들이 어떤 일이나 문제에 대해 받아들이는 최후의 한계선을 비유한

말이야.

'마지노선'은 1930년대에 프랑스가 북동쪽 국경선에 건설한 방어 장벽을 말해. 이 장벽을 만들자고 주장한 사람이 프랑스 육군 장관 앙드레 마지노야. 마지노선은 그 장군의 이름에서 따왔어.

제1차 세계대전 때 프랑스는 독일 포병대의 공격에도 끄덕없는 튼튼한 장벽이 필요하다고 느꼈어. 독일과 맞닿은 국경선에 큰 장벽을 쌓으면 독일군이 쉽게 공격하지 못할 것이라 생각했지. 또한 장벽을 쌓으면 병력을 절감할 수도 있다고 판단했어. 프랑스는 커다란 장벽(방어선)을 쌓기로 했어.

이 방어선은 콘크리트로 지어서 어떤 장벽보다 두꺼웠고, 지하철 도로망과 연결되어 있는 현대적인 시설이었지.

그런데 이 방어선은 프랑스와 독일의 국경에만 만들고, 프랑스와 벨기에 국경에는 만들지 않았어. 그런데 1940년 5월, 독일군은 이 방어선을 돌아서 벨기에를 침공했고, 벨기에를 가로질러 프랑스로 쳐들어왔어. 독일군은 벨기에를 통해 방어선(마지노선) 뒤쪽으로 공격했고 마지노선을 쓸모없게 만들어 버렸어.

이렇게 마지노선이 쓸모없게 된 것은 예상치 못한 방법으로 독일군이 벨기에를 침공했기 때문이었어. 그리고 프랑스 사람들이 마지노선만 믿고 너무 여유를 부려서였어. 마지노선이 완성되자 프랑스 사람들은 독일군의 공격에서 안심할 수 있다고 생각한 거야. 그래서 전쟁의 심각성을 느끼지 못하고 태평한 시간을 보냈다고 해. 만약 프랑스가 조금만 더 전쟁에 대비했다면 그렇게 쉽게 마지노선이 무너지지는 않았을 거야.

'마지노선의 법칙'은 바로 여기에서 나왔어. 정말 튼튼한 방어선이 있으면 사람들의 마음이 느슨해진다는 거지.

우리 주위에도 이런 경우가 있어. 가끔 은행의 보안망이 해킹 당했다는 뉴스를 본 적이 있을 거야. 완벽한 보안망만 믿고 관리를 소홀히 했기 때문이야.

마지노선의 법칙에 빠지지 않으려면 아무리 완벽해도 다시 한 번 주위를 돌아보는 자세가 필요해.

세상을 보는 눈

　모두들 자신 있는 과목이 하나쯤은 있을 거야. 그런 과목은 평소에 관심이 많아서 시간을 들여 공부하지 않아도 성적이 잘 나오는 경우가 많아. 그래서 시험 때가 되면 자신 있는 과목보다는 자신 없는 과목에 시간을 들여 공부하게 돼. 그런데 가끔 자신 있는 과목에서 낭패를 당하지. 자신 있다고 생각해서 소홀했기 때문이야. 공부는 노력한 만큼 성과가 나오거든. 예외도 있겠지만 말이야.

　공부뿐만 아니라 다른 일도 마찬가지야. 잘하고 있고, 자신 있다고 해서 소홀하면 결과가 나쁘게 나와. 자신 있고, 완벽하다고 생각되더라도 조금만 방심하면 그 결과는 절대 좋을 수 없어. '원숭이도 나무에서 떨어질 날이 있다.'는 속담을 생각해 봐.

20 볼테라의 법칙

★ 물고기를 잡지 않았는데 물고기 수는 감소한다

도대체 무슨 일이 일어난 걸까? 외계인이 나타나 물고기를 다 먹었을까? 아니면 바다가 오염이 되어서 물고기가 다 죽은 걸까? 지금 알아볼 '볼테라의 법칙Volterra law'은 물고기와 관련이 있는 법칙이면서, 자연 생태계의 순환 운동과도 관련이 있어.

먼저 세계 지도를 한번 봐야 할 것 같아. 세계 지도에서 이탈리아라는 나라를 찾아보면 우리나라처럼 바다로 길쭉하게 튀어나와 있어. 그리고 그리스를 비롯하여 몇 나라와 바다를 사이에 두고 있지. 이탈리아와 그리스 사이에 움푹 들어간 바다가 있을 거야. 그 바다 이름이 아드리아해야.

이야기는 바로 이 아드리아해에서 제1차 세계대전이 일어났던 때의 일이야.

제1차 세계대전 중 아드리아해는 이탈리아 해군과 오스트리아·헝가리 제국이 싸움을 벌였던 장소야. 그래서 이 지역에 대규모 어업은 전부 중지되었어. 그런데 전쟁이 끝난 뒤, 이탈리아의 생태학자인 '단코나'라는 사람이 어획량을 조사하다가 놀라운 사실을 발견하게 되었어.

어업이 중지돼서 물고기를 잡지 않았는데 물고기의 수가 줄어든 거야. 대신, 이상하게 물고기를 잡아먹는 상어 류는 오히려 늘어났어. 단코나는 그 원인을 알아보기 위해 당시 유명한 수학자였던 '볼테라'에게 이 문제를 상의했어. 그래서 다음과 같은 결과를 얻을 수 있었어.

많은 종류의 물고기가 아드리아해에 살지만 크게 두 가지로 분류할 수 있다는 거야. 그것은 다른 동물을 잡아먹는 포식자와 잡아먹히는 피식자야. 어업 활동이 활발할 때를 생각해 봐. 당연히 물고기 수는 감소하겠지. 어부들이 물고기를 다 잡으니까 말이야. 그러면 이 물고기를 먹고 사는 상어 같은 포식자의 수는 감소할 수밖에 없어. 물고기 수가 부족하게 되니까 굶어 죽는 상어가 생기기 때문이지.

그런데 상어의 수가 감소하게 되면 또 이상한 일이 발생하게 돼. 그건 피식자인 물고기 수가 빨리 늘어난다는 사실이야. 포식자인 상어가 많이 감소했기 때문에 이런 현상이 생기는 거지. 결국 어업 활동이 활발해져서 어부들이 물고기들을 많이 잡아도 물고기는 계속 늘어날 수 있는 거지. 놀라운 생태계의 순환이라고 할 수 있어.

반대의 경우도 생각해 봐. 전쟁으로 인해 어업이 중단되면 어떤 일이 발생할까? 피식자인 물고기 수는 많아지겠지? 어부들이 잡지 않으니까 말이야. 그러면 포식자인 상어의 수도 늘어나지 않겠어? 먹이가 많으니까.

그런데 상어가 계속 늘어나면 또 어떤 일이 생길까? 상어 같은 포식자가 많아지면 당연히 물고기 수는 줄어들지 않겠어? 그래서 전쟁으로 인해 어업이 중단되더라도 물고기 수는 늘어나지 않고 줄어든다는 거야. 생태계의 순환 현상으로, 예상하지 못한 뜻밖의 결과가 나오게 된 거지. 이런 현상을 바로 '볼테라의 법칙'이라고 해.

이해가 되지 않는 친구들을 위해 다른 예를 하나 들어 볼게. 농부 아저씨들은 벼에게 해를 입히는 해충을 잡기 위해서 농약을 뿌리는 경우가 있어. 그런데 농약을 뿌리면 해충도 죽게 되지만 이 해충들을 먹고 사는 새들도 그 수가 감소하게 돼. 왜냐하면 농약에 오염된 해충을 먹어서도 죽고, 농약으로 인해 해충이 감소하게 되면 먹이가 부족해서도 죽게 되거든.

이렇게 새들의 수가 감소하면 또 어떤 일이 발생할까? 다시 해충의 수가 늘어나겠지. 해충을 잡아먹는 새들이 없으니까 말이야.

농부 아저씨는 해충을 없애려고 농약을 쳤는데, 결국 다시 해충은 늘어나게 되는 거야. 이런 것이 바로 '볼테라의 법칙'이야.

벼농사와 관련한 재미있는 이야기가 또 하나 있어. 요즘은 농촌에서도 보기가 좀 어려운데, 예전에는 논 한가운데에 허수아비들이 많았어. 허수아비는 벼를 쪼아 먹는 참새를 쫓아내기 위해 만든 거였어. 예전에는 참새들이 벼농사에 막대한 피해를 주었던 모양이야.

1958년 중국은 벼농사에 피해를 주는 참새들을 없애기 위한 운동을 벌였어. 참새의 수가 줄어들면 당연히 벼농사가 잘될 것이라고 생각했기 때문이지. 그런데 참새의 수가 줄어들게 되면 벼농사가 잘될 수 있을까? 정답은 '아니다'야. 이유는 앞에서 한 이야기와 비슷해. 해충을 잡아먹던 참새가 줄어들자 해충이 늘어나 결국 벼농사를 망치게 되었던 거야. 당시 중국은 이 문제로 심각하게 고민했어. 단순히 하나를 없앤다고 해서 문제가 해결되는 건 아니야.

볼테라의 법칙은 참 재미있어. 좀 헷갈리긴 하지만 말이야.

세상을 보는 눈

우리 주위를 살펴보면 이런 '볼테라의 법칙'에 해당되는 일들이 많아. 어떤 문제를 해결하기 위하여 사용한 방법이 오히려 좋지 않은 방법이 되거나 엉뚱한 결과를 가져오는 경우지.

전교에서 항상 꼴찌를 하는 반이 있었어. 그 반 선생님은 꼴찌에서 탈출하려고 방법을 생각해 냈어. 시험에 나올 법한 내용을 요점 정리해서 아이들에게 나누어 주는 거였어. 쉽지 않은 일이었어. 선생님은 이번 시험에서 반 아이들이 시험을 잘 쳐서 꼴찌에서 탈출할 줄 알았어.

그런데 결과는 또 꼴찌였어. 아이들은 요점 정리한 내용만 믿고 공부를 하지 않았기 때문이야. 아이들의 생각과 반의 문화를 바꾸지 않으면 안 되는 일이었던 거야.

'볼테라의 법칙'에서 한 가지 교훈을 얻을 수 있어. 그것은 신중하게 생각하고, 멀리 내다보고 결정해야 한다는 거야. 당장 눈에 보이는 것만 보고 결정하면 볼테라의 법칙처럼 예상하지 못한 결과를 얻기 때문이야.

님비 현상

죄수 딜레마의 법칙

깨진 유리창 이론

스톡홀름증후군

악어의 눈물

방관자 효과

링겔만 효과

풍선 효과

제로 베이스 이론

베르테르 효과

21 죄수 딜레마의 법칙

★ 욕심은 불행한 선택을 하게 만든다

제목만 봐도 좀 이상한 법칙이라는 생각이 들 거야. '딜레마 dilemma'라는 말도 잘 모를 테고 게다가 죄를 지은 사람과 관련된 법칙이라니……. 이 법칙은 생각보다 재미있어.

우선 '딜레마'라는 말의 뜻을 알아야겠지? 딜레마는 몇 가지 중 하나를 선택해야 하는 상황에서 쉽게 판단을 내리지 못하는 상태를 말해. 그러니까 '죄수의 딜레마'는 죄수가 무언가를 선택해야 하는 상황에서 쉽게 결정을 내리지 못한다는 거지.

그런데 여기에 법칙이 붙으니까 죄수들의 선택에 일정한 법칙이 있다는 거야.

죄수가 선택해야 하는 상황은 어떤 것일까? 벌을 덜 받는 거겠지. 결론부터 말하면, 죄수들끼리 협력하면 서로 이익이 되는 선택을 할 수 있는데, 개인적인 욕심 때문에 또는 믿음이 없어서 서로에게 불리한 상황을 선택한다는 거야.

흥미롭지? 지금부터가 중요해. 한번 헷갈리면 이해하기 어려우니까 잘 따라와야 해.

두 사람이 어떤 사건의 용의자가 되어서 체포되었어. 두 사람은 서로 다른 취조실에서 심문을 받게 되었지. 그러니까 서로 얼굴을 볼 수도 없고, 이야기를 할 수도 없어. 두 사람이 미리 짜고 사건을 숨길까 봐 서로 다른 취조실에서 심문을 하는 거지.

형사는 두 사람에게 모두 똑같이 제안했어.

"만약 네가 죄를 인정하면 너는 무죄로 석방하고, 상대방은 10년의 징역을 살 것이다. 그런데 너희 둘 다 죄를 인정하면, 둘 다 5년의 징역을 살 것이다. 그리고 너희 둘 다 죄를 인정하지 않으면 증거가 별로 없기 때문에 1년 징역을 살 것이다."

이런 상황에서 죄수들은 어떤 선택을 할까? 머리를 좀 굴려 봐야겠지? 가장 좋은 선택이 어떤 것인지 말이야.

그럼, 천천히 살펴보도록 할까? 한 사람이 선택할 수 있는 상황은 두 가지야. 죄를 인정하느냐, 인정하지 않느냐지. 만약 죄를 인정하면 두 가지 상황이 생기지. 무죄가 되거나, 5년 징역을 사는 거야. 그렇지? 여기까지는 헷갈리지 않지?

또, 죄를 인정하지 않아도 두 가지 상황이 생겨. 1년 징역을 살거나, 10년 징역을 사는 거지. 10년 징역은 상대방이 죄를 인정하고, 자신은 인정하지 않았을 경우야.

죄를 인정할 경우	무죄	본인만 죄를 인정, 상대방은 인정하지 않을 경우
	5년 징역	둘 다 죄를 인정할 경우
죄를 인정하지 않을 경우	1년 징역	둘 다 죄를 인정하지 않을 경우
	10년 징역	본인은 죄를 인정하지 않고, 상대방은 인정할 경우

〈죄수가 선택할 수 있는 상황〉

여기서 최고의 선택은 어떤 것일까? 표에서도 알 수 있듯이 본인만 죄를 인정하고, 상대방은 인정하지 않았을 경우야. 둘 다 죄를 인정하지 않고, 1년 징역을 사는 것도 나쁘지 않은 선택이라 할 수 있어. 그럼 최고로 나쁜 선택은 어떤 것일까? 본인은 죄를 인정하지 않았는데 상대방이 인정했을 경우이지.

과연 죄수들은 어떤 선택을 할까? 선택의 결과는 상대방이 어떤 선택을 하느냐에 따라 달라져. 상대방이 어떤 선택을 할 것인지 안다면 선택은 아주 쉬운데 말이야.

그러니까 상대방의 선택에 따라 본인이 어떤 선택을 해야 가장 유리할지 고민해야 돼. 우선 상대방이 죄를 인정할 경우, 본인은 어떤 선택을 하는 것이 유리할까? 이 경우에는 무조건 본인도 죄를 인정해야 돼. 만약 본인만 인정하지 않으면 혼자 10년을 살아야 하니까.

반대로 상대방이 죄를 인정하지 않을 경우, 본인에게 가장 유리한 선택은 무엇일까? 이 경우에도 본인은 죄를 인정하는 것이 좋아. 그래야 무죄로 나올 수 있으니까.

드디어 결론이 나왔어. 상대방이 죄를 인정하든, 인정하지 않든지 간에 죄를 인정하는 것이 유리하다는 거지. 그래서 두 죄수는 어떤 경우에든 본인에게 유리하게 죄를 인정해야 된다는 거야. 두 사람 모두 죄를 인정하면 5년 징역을 받으니까.

상대방이 죄를 인정할 경우	죄를 인정할 경우	5년 징역
	죄를 인정하지 않을 경우	10년 징역
상대방이 죄를 인정하지 않을 경우	죄를 인정할 경우	무죄
	죄를 인정하지 않을 경우	1년 징역

〈상대방의 선택에 따른 본인의 선택〉

물론 최고의 선택은 두 사람 모두 죄를 인정하지 않고 1년 징역만 살고 나오는 것인데, 5년 징역을 살게 되는 안 좋은 선택을 한다는 거야. 서로 협력하면 가장 이익이 되는 상황이 되는데, 개인적인 욕심으로 서로에게 불리한 상황을 만든다는 거지. 이것이 바로 '죄수 딜레마의 법칙'이야.

이해가 되지 않는다면 처음부터 다시 천천히 생각해 봐. 어려운 이야기가 아니거든.

왜 죄수들은 최선의 선택을 하지 못하는 것일까? 그건 자신의 이익만을 생각하기 때문이야. 또, 상대방에 대한 믿음이 없기 때문이지.

우리 사회에서도 이런 일들은 참 많이 일어나지. 자신의 이익만을 생각할 때, 상대방에 대한 믿음이 없을 때, 우리는 최선의 선택을 할 수 없어. 자신의 이익보다는 모두 이익을 먼저 생각할 때, 결과적으로 최고의 이익을 볼 수 있다는 사실을 잊지 말아야 해. 친구 사이도 굳건한 믿음이 있을 때 더 큰 우정, 더 좋은 결과를 얻을 수 있다는 사실도 잊지 마. 이것이 바로 '죄수 딜레마의 법칙'이 우리에게 주는 교훈이야.

세상을 보는 눈

조금 재미있는 상황으로 얘기해 볼까? 두 친구가 짜고 시험 중에 서로 커닝(부정행위)을 했다는 이유로 선생님께 불려 갔어. 선생님은 두 친구에게 따로따로 이런 말을 했지.

"만약 네가 커닝한 것을 인정하면 없던 일로 해 주고, 다른 친구는 1년간 화장실 청소를 시킬 거야. 너희 둘 다 커닝한 것을 인정하면 6개월간 화장실 청소야. 만약 너희 둘 다 인정하지 않으면 확실한 증거가 없으니까 1개월간만 화장실 청소를 시킬 거야."

이 경우에 두 친구는 어떤 선택을 할까? 여기에 죄수 딜레마의 법칙을 한번 적용해 볼까?

상대방 친구가 커닝한 것을 인정할 경우, 본인은 어떤 선택을 하는 것이 유리할까? 무조건 커닝한 것을 인정해야 돼. 인정하지 않으면 1년간 화장실 청소를 해야 하기 때문이지.

반대로 상대방 친구가 인정하지 않을 경우, 본인은 어떤 선택을 하는 것이 유리할까? 이때도 인정하는 것이 유리하지. 인정하지 않으면 1개월간 화장실 청소를 해야 하지만, 인정하면 없던 일로 해 주니까 말이야.

앞의 경우를 보면 무조건 커닝을 인정하는 게 유리할 거야. 그래서 둘 다 커닝을 인정하고 6개월간 화장실 청소를 하는 거지.

만약 서로를 믿는다면 둘 다 커닝한 것을 인정하지 않는 거야. 그럼 1개월간만 화장실 청소를 하면 되니까 말이야.

그런데 죄수 딜레마의 법칙은 두 사람 다 자신에게 유리한 쪽으로만 생각하고, 상대방을 믿지 못해서 최선의 선택을 못하는 거잖아.

물론 이건 하나의 예야. 실제 커닝을 했는데도 최선의 선택을 위해 자신의 잘못을 인정하지 말라는 소리가 아니야. 잘못을 했을 때는 솔직하게 고백하고 죄의 대가를 받는 것이 옳은 방법이야.

그런데 위 상황에서 본인은 정말 커닝을 하지 않았고, 상대방 친구가 커닝을 했는지 잘 모른다면 어떤 선택을 할 수 있을까?

끝까지 커닝을 하지 않았다고 말할 수 있을까? 상대방이 커닝을 했다고 인정하면 본인만 1년간 화장실 청소를 해야 하는데 말이야.

정말 어려운 선택이지. 하지도 않은 커닝을 했다고 인정하면 6개월로 화장실 청소는 줄어들지만 불만스러울 거야.

이 경우에는 또 다른 갈등이 생기지. 정직함을 지키려고 손해를 볼

것인가, 아니면 거짓 자백을 하고 손해를 덜 볼 것인가.

그런데, 한 가지 확실한 것은 진실은 언젠가는 드러난다는 거야. 당장 불리함을 모면하려고 거짓말을 한다면, 그 당시는 편할지 몰라도 더 안 좋은 일이 생길 수 있다는 것을 기억해. 어려운 상황이 닥쳐도 자신의 신념을 버리는 일은 하지 않아야겠지?

깨진 유리창 이론

★ 댐에 난 작은 구멍을 막지 않으면 결국 댐은 무너진다

    건물의 유리창이 깨졌어. 그런데 건물 주인은 깨진 유리창을 그대로 방치했어. 그랬더니 이번에는 멀쩡했던 유리창까지 깨져 버렸어. 지나가던 누군가가 돌을 던져 유리창을 깬 거야. 아마 깨진 유리창이 그대로 있으니까 다른 유리창을 깨뜨려도 괜찮다고 생각한 모양이야. 그렇게 건물의 유리창은 모두 깨지고, 나중에는 건물에 불을 지른 사람까지 생겼어. 이런 현상을 '깨진 유리창 이론Broken window theory'이라고 해.

    깨진 유리창을 그대로 두면, 그곳을 중심으로 범죄가 퍼지기기 시작한다는 거지. 이것은 사소한 문제 하나를 해결하지 않고 방치하면 큰 문제로 이어질 가능성이 높다는 의미를 담고 있어.

깨진 유리창 이론은 미국의 범죄학자인 제임스 윌슨과 조지 켈링이라는 사람이 1982년에 공동으로 발표한 거야. 그보다 앞서, 미국 스탠퍼드 대학의 짐바르도 교수가 했던 실험 결과이기도 해.

짐바르도 교수는 조금 외진 골목에 두 대의 자동차를 세우고 실험을 했어. 한 자동차는 보닛을 열어 두었고, 또 다른 자동차는 보닛도 열어 두고, 유리창도 하나 깨뜨려 놓았지. 그리고 1주일 뒤에 가 보았더니, 유리창이 깨진 자동차는 타이어, 배터리가 모두 없어진 상태였어. 낙서도 되어 있고 돌을 던진 흔적도 있었어. 자동차는 완전히 망가져 있었지. 그런데 보닛만 열어 둔 자동차는 처음과 별 차이가 없었어.

이런 현상은 우리 주위에서 흔히 볼 수 있어. 길모퉁이에 작은 쓰레기 봉투 하나가 떨어져 있다고 생각해 봐. 그곳을 지나가던 사람들은 그 봉투를 보고, 무심코 자기 호주머니에 있던 휴지를 버릴 거야. 모퉁이에 쓰레기 봉투가 있으니까 아마 쓰레기를 모으는 장소라고 생각했을 수 있지. 그렇게 한두 사람이 쓰레기를 버리면 그 모퉁이는 지저분한 쓰레기장이 되어 버리겠지. 사실 그곳은 쓰레기장이 아닌데 말이야.

만약 처음에 버려진 그 작은 봉투를 누군가 치웠다면 어떻게 되었을까? 아마도 사람들은 무심코 호주머니에 있던 쓰레기를 버릴 생각은 하지 않았을 거야. 어쩌면 처음 버려진 봉투도 누군가 일부러 버린 것이 아니라 우연히 그 장소에 떨어져 있었을 수도 있어.

어느 집 담장에 작은 낙서 하나가 있다고 생각해 봐. 만약 집 주인이 그 낙서를 지우지 않고 그대로 두면 어떻게 될까? 아마도 며칠 안 가서 그 담장은 온통 낙서로 도배가 될 거야. 낙서가 되어 있으면 또 낙서를 해도 괜찮다고 생각하기 쉬우니까. 낙서가 없는 벽보다 쉽게 낙서를 하게 되지.

깨진 유리창 이론은 주변에서 쉽게 접할 수 있어. 사람들은 '남도 했는데 나도 하면 어때?'라는 생각을 하게 되거든. 그리고 한 사람이 벌인 일이 아니니까 책임감도 덜 느끼고 말이야. 하지만 그런 일이 모이면 큰일이 돼. 당장은 사소하다고 생각했던 일이

훗날 큰 영향을 끼치기도 하거든.

 운전자는 횡단보도 신호등이 파란불일 때 꼭 멈춰야 하는데 사람들이 덜 다니는 곳에서 습관적으로 지나치는 경우가 있어. 그러면 사고가 나게 되잖아. 교통법을 어긴 것이고 말이야. 운전자는 큰 처벌을 받게 되지. 평소에 교통 법규를 잘 지켰다면 이런 일이 일어날 확률은 적었겠지.

 깨진 유리창 이론은 유명하면서도 특별해. 왜냐하면 범죄 예방을 하는 데 큰 도움이 됐기 때문이야. 실제로 깨진 유리창 이론은 도시의 범죄율을 떨어뜨렸어.

 미국 뉴욕 시는 세계에서 범죄율이 높은 도시 중 하나야. 특히 뉴욕의 지하철은 범죄가 많이 일어나기로 유명했지. '뉴욕의 지하철은 절대 타지 마.'라고 할 정도였으니까 말이야.

 뉴욕 시는 범죄율을 낮추기 위해 지하철에 깨진 유리창 이론을 적용했어. 우선 지하철 차량의 낙서를 지웠어. 낙서가 또 다른 낙서와 범죄를 일으킨다는 '깨진 유리창 이론'에 따른 거지.

 낙서를 지운 뒤 범죄율은 어떻게 되었을까? 바로 줄어들었어. 몇 년이 지나자 범죄율은 절반이나 감소했고, 여기에 힘을 얻은 뉴욕 시는 거리의 낙서나 신호 위반, 쓰레기 버리기 등에 강력한 단속을 벌여 범죄 발생을 75%나 줄였지. 정말 놀라운 일이었지. 깨진 유리창 하나로 도시 전체의 골칫거리를 해결한 셈이지.

 이처럼 '깨진 유리창 이론'은 작은 문제가 큰 문제를 일으키지 않게 해 주는 감초 같은 이론이라 할 수 있어.

세상을 보는 눈

'바늘 도둑이 소도둑 된다.'라는 속담이 있어. 작은 잘못을 바로잡지 않으면 나중에 큰 잘못을 저지른다는 이야기야.

사람은 저마다의 습관을 가지고 있어. 좋은 습관은 그 사람을 더욱 돋보이게 하겠지만 나쁜 습관은 자신을 더욱 힘들게 하고 실패자로 만들 수도 있어. 바늘 도둑이 소도둑 되는 것처럼 말이야.

지금 아주 사소하지만 나쁜 습관이 있다고 가정해 봐. 지금이야 사소하니까 큰 문제가 되지 않겠지만 나중에는 고칠 수 없는 아주 큰 나쁜 습관이 될 수 있어.

자신을 한번 잘 관찰해 봐. 작다고, 별것 아니라고 생각하고 그냥 넘어간 잘못은 없는지 말이야. 만약 마음속에 깨진 유리창이 하나 있다면 지금 당장 새 유리창으로 갈아 끼우도록 해. 그렇게 하지 않으면 마음속에 있는 다른 유리창도 깨질 수 있으니까.

23 님비 현상  ★ 우리 집 뒷마당에는 안 돼

만약 우리 동네에 쓰레기 소각장이 들어선다면 어떨까? 맛있는 패스트푸드 가게가 생기는 게 아니라면 관심 없을지도 모르지만 부모님은 아마 결사반대를 할 거야. 쓰레기 소각장이 들어서면 여러 가지 불편한 점이 많기 때문이지.

모든 사람이 자기 동네에 쓰레기 소각장이 들어서는 걸 반대한다면 쓰레기 소각장은 어디에 세워야 할까? 방법은 하나야. 쓰레기 소각장을 세우지 않는 거지.

그런데 쓰레기 소각장을 세우지 않으면 어떻게 될까? 주변이 온통 쓰레기로 가득하지 않을까? 그러니까 쓰레기 소각장은 반드시 필요하고 어딘가에는 세워야 해. 하지만 사람들은 자기 동

네에는 안 된다고 해.

쓰레기를 줄여 소각장을 최소한만 만드는 게 최선의 방법이지만 안타깝게도 당장 줄어들기는 어렵거든.

이처럼 모두에게 필요한 쓰레기 소각장을 자기 동네에 설치하는 것을 반대하는 현상을 '님비 현상'이라고 해. 님비NIMBY는 'Not in my backyard'의 약자야. 해석하면 '내 뒷마당은 안 돼'라는 뜻이지.

님비라는 말은 1987년 3월 미국 뉴욕 근교 아이슬립이라는 지역의 쓰레기를 처리하려는 과정에서 생겨난 말이야. 미국 정부는 아이슬립에서 배출된 쓰레기를 처리할 지역을 찾아 어마어마한 양의 쓰레기를 배에 싣고, 미국 남부 6개 주부터 멕시코, 중남

미 연안까지 6개월 동안 10,000킬로미터를 항해했어. 그렇지만 쓰레기를 처리하지 못하고 되돌아왔어. 이때 님비라는 말이 생겨났어. 그래서 님비 현상은 지역 이기주의를 말할 때 많이 사용해. 꼭 필요하지만 자기가 사는 지역에는 안 된다는 것이거든.

사람들이 꺼리는 시설물들은 점점 늘어나고 있어. 장애인 시설, 하수 처리장, 쓰레기 소각장, 화장터, 핵폐기물 처리장 등 산업화, 문명화가 되어 가면서 생겨나는 것들이 대부분이지. 아무래도 이런 시설물이 동네에 생긴다면 불편한 점이 있을 거야.

하지만 모두 싫어해도 어딘가 세우지 않으면 안 돼. 우리 사회의 숙제지. 조금 불편하지만 더불어 사는 사회를 만들려면 방법을 찾아야 할 거야.

세상을 보는 눈

'님비 현상'과 반대인 현상은 '핌피 현상'이야. '핌피PIMFY'는 'Please in my front yard'의 약자야. 그대로 해석하면 '제발 내 앞마당에'라는 뜻인데, 자신의 동네에 시설물을 설치해 달라는 뜻이야. 사람들이 선호하는 시설물은 도서관, 정부 청사, 철도, 공항 등이야. 이런 '핌피 현상'도 '님비 현상'과 마찬가지로 지역 사회의 이기주의를 보여 주는 말이야. '님비 현상'이나 '핌피 현상'은 모두 해결이 쉽지 않아. 나쁘면 나쁜 대로 좋으면 좋은 대로 지역 간에 마찰이 생기거든.

우리 지역에 선호하지 않는 시설물이 들어선다면 어떨까? 그 대신 다른 좋은 혜택을 준다면? 쓰레기 소각장이 들어오는 대신 도서관을 지어 준다면 어떤 선택을 할래? 기피 시설과 선호 시설이 동시에 생기는 거잖아. 찬성하는 사람과 반대하는 사람이 있을 거야. 한번 생각해 볼 문제야.

24 악어의 눈물 ★ 눈물도 거짓말을 한다

악어도 눈물을 흘릴까? 직접 본 건 아니지만 악어도 눈물을 흘린다고 해. 그런데 악어가 흘리는 눈물은 좀 특별해. 보통 악어는 먹이를 씹어 먹을 때 눈물을 흘려.

한때 사람들은 이렇게 생각했어. 악어가 먹이를 씹을 때 눈물이 흐르는 이유는 자신에게 잡아먹히는 동물의 죽음이 슬퍼서라고 말이지. 사나운 악어에게도 착한 마음이 있다고 생각한 거지.

그런데 사람들의 생각은 완전 빗나갔어. 악어는 욕심이 많은 놈이라 자기 입보다 덩치가 큰 동물을 통째로 삼키는 경우가 많아. 자기 입보다 덩치가 큰 동물을 삼키려면 입을 크게 벌려야 하는데, 그때 눈물샘이 눌려서 눈물이 흐른 거야. 사람도 입을 크게 벌리고 하품을 하면 눈물이 나오잖아.

악어가 흘리는 눈물은 슬픔의 눈물이 아니라 욕심의 눈물인 셈이지. 그래서 사람들은 이런 '악어의 눈물'을 '거짓의 눈물', '위선의 눈물'이라고 불렀어. 겉과 속이 다른 사람들을 가리킬 때 이 말을 쓰기도 해.

그러니까 악어의 눈물을 흘리는 일은 없어야겠지? 진심으로 사람을 대하는 일은 언제나 중요하다는 걸 잊으면 안 돼. 거짓으로 상대방을 대하면 상대방도 거짓으로 행동할 수 있거든. 운동선수들이 우승을 해서 흘리는 순수한 기쁨의 눈물을 생각해 봐. 얼마나 감격적인지.

세상을 보는 눈

눈물은 사람의 마음을 약하게 만들고 가슴을 울려. 눈물을 크게 두 가지로 생각하면 하나는 슬플 때 흘리는 눈물이고, 다른 하나는 기쁠 때 흘리는 눈물이야. 두 눈물 모두 순수한 의미의 눈물이라고 할 수 있지. 사실 눈물은 그 자체로 순수하다고 볼 수 있어. 왜냐하면 가장 솔직한 감정의 표현이기 때문이지.

그런 의미로 보면 '악어의 눈물'은 눈물이라고 할 수 없어. 다른 사람을 속이기 위해 눈물을 흘리거나, 어떤 목적을 위해 일부러 눈물을 흘리는 건 매우 위선적이기 때문이야. 눈물은 순수한 내 마음을 나타내는 것인데, 상대방을 속이기 위해 사용한다면 순수함을 잃은 거겠지. 상대방의 거짓 눈물에 속지 말아야 하겠지만, 남을 속이는 거짓 눈물을 흘려서도 안 돼.

스톡홀름증후군 ★ 나는 범인을 이해할 수 있어

사회 공부를 열심히 한 친구들은 스톡홀름이 뭔지 바로 알 거야. 스톡홀름은 스웨덴이라는 나라의 수도야. 그럼 '스톡홀름증후군Stockholm syndrome'은 스웨덴 수도와 연관이 있겠지?

1973년 8월 23일부터 8월 28일까지 스톡홀름의 한 은행에서 인질극이 벌어졌어. 범인들이 은행 직원들을 6일 동안 인질로 잡고 있었어. 인질들도 처음에는 범인들을 무서워했지. 하지만 시간이 흐르자 호감을 가지기 시작했대. 그래서 은행 직원들은

구출됐을 때 오히려 경찰들을 미워했어. 심지어 경찰들이 증언을 요구했을 때 범인들에게 불리한 증언은 하나도 하지 않았다고 해. 이게 바로 '스톡홀름증후군'이야.

'스톡홀름증후군'은 인질로 잡힌 사람들이 범인들의 생각에 영향을 받아서 호감을 느끼고 지지하는 심리 현상이야. 이런 심리 현상은 비정상적이야. 극한 상황에서 약자가 된 인질이 강자인 범인에게 어쩔 수 없이 동화되는 거지. 즉 살기 위해 인질의 마음이 범인을 이해하려고 변하는 거야.

보통 스톡홀름증후군은 세 단계를 거친다고 알려져 있어.

첫 번째 단계는 인질들이 자신들의 목숨을 쥐고 있는 범인들에게 고마워하고, 따뜻함을 느끼는 거야. 즉, 자신들을 죽이지 않는 것에 고마워하는 거지.

두 번째 단계는 인질들이 위험을 무릅쓰고 자신들을 구출하려고 하는 경찰들에게 오히려 안 좋은 감정을 느끼는 거야. 범인들은 자신들을 죽이지 않는데, 구출을 하려는 경찰들과 범인들과의 싸움에서 자신이 죽을 수도 있다고 생각하는 거야. 그래서 경찰들에게 좋지 않은 감정을 느끼는 거지.

세 번째 단계는 범인과 인질들이 서로에게 좋은 감정을 가진다는 거야. 인질들과 범인들은 모두 한 공간에 갇혀 있고, 같은 두려움을 느끼기 때문에 서로에 대한 믿음이 생긴다는 거지.

'스톡홀름증후군'을 보면 '죄는 미워해도 사람은 미워하지 마라.'라는 말이 생각이 나. 인질들도 처음에는 나쁜 짓을 한 범인들을 미워했겠지만 범인들과 알고 난 뒤에 오히려 인간적으로 동정하는 마음이 생겼을 수 있어. 그들이 나쁜 짓을 할 수밖에 없었던 상황을 이해하는 거지.

나쁜 짓을 하는 사람에게도 진실한 친구가 있어. 그 친구는 나쁜 상황이 자신의 친구를 범죄자로 만들었다고 생각한대.

하지만 범죄자들이 저지른 죄 자체는 옳지 않다는 것을 우리는 잊지 말아야 해. 저지른 죄에 대해서 동정하는 마음이 생기는 것은 문제가 있어.

세상을 보는 눈

'스톡홀름증후군'이 범인들에게 동화되는 인질들의 심리 현상이라면, 그 반대되는 심리 현상은 '리마증후군Lima Syndrome'이야. 리마는 페루의 수도인데, 그곳에서 벌어진 일에서 비롯된 현상이야.

1996년 페루의 수도 리마에 있는 일본 대사관에서 대규모 인질극이 벌어졌어. 페루 정부에 반대하는 군인들이 일본 대사관에 침입하여 축하 파티 중인 400여 명의 사람들을 인질로 잡고 정부군과 대치한 사건이야. 이 사건은 페루 정부의 강경 진압으로 인질범 전원이 사살되면서 끝이 났어.

그런데 이 과정에서 이상한 일이 있었어. 범인들은 인질들과 같이 생활하면서 의약품도 사용할 수 있도록 허용했어. 가족들에게 안부 편지도 쓸 수 있게 했고, 종교 의식도 허용했어. 심지어 나중에는 인질들에게 자신들의 개인적인 이야기를 하는 행동을 보였다고 해. 즉, 범인들이 인질들에게 정신적으로 동화되는 현상이 나타난 거야. '리마증후군'은 여기에서 유래된 말이야.

'스톡홀름증후군'과 '리마증후군'은 서로 반대되는 증후군이지만 어느 한쪽이 상대에게 정신적으로 동화된다는 공통점을 가지고 있어. 어

느 한쪽이 상대에게 좋은 의미의 영향을 준다면 환영할 만한 일이야. 그런데 두 증후군 다 환영받을 만한 상황은 아니야.

   서로 좋은 영향을 주고받는 일은 행복해. 하지만 나쁜 영향을 주는 일도 우리 곁에 있어. 두 가지를 가리는 일은 쉽지 않지. 우리가 좋은 영향을 주는 사람이 되려고 노력하면 시간이 흐른 뒤 서로 좋은 영향을 주고받는 사람들이 늘어나지 않을까? 그럼 서로를 배려하고 이해하는 사회가 될 거야.

26 링겔만 효과

★ 게으름은 여러 명일 때 피우기 쉽다

합창은 글자 그대로 여러 사람이 목소리를 맞춰 노래를 부르는 것을 말해. 많은 사람이 함께 노래를 부르다 보니 한두 사람이 빠져도 합창을 하는 데 큰 문제는 없어. 하지만 모두가 함께 제 목소리를 내 주었을 때 가장 좋은 소리가 나오는 것은 틀림없는 사실이지.

합창을 하다 보면 꼭 노래를 부르지 않는 친구들이 있어. 나 하나쯤 안 불러도 모를 것이라고 생각하는 거지. 그런데 지휘하는 선생님은 그런 친구들을 귀신같이 알아보지. 그러니까 앞으로 합창을 할 때는 '나 하나쯤' 하는 생각은 버려야 해. 친구들에게 피해를 줄 뿐 아니라 선생님은 다 아시니까.

옛날 어느 나라의 왕이 잔치를 열었어. 그런데 왕은 잔치에 참석하는 사람들에게 포도주 한 병을 꼭 가지고 오라고 명령했지. 왕은 사람들이 가지고 온 포도주를 커다란 항아리에 모두 부었어. 그리고 각자 한 잔씩 술을 떠 마시기 시작했지. 그런데 포도주에서 맹물 맛이 났어.

누군가 포도주 대신 포도주 병에 물을 담아 가지고 왔기 때문이었어. 왕의 잔치에는 항상 가지고 온 술을 커다란 항아리에 부어서 먹는 전통이 있었는데, 그것을 안 사람들이 나 하나쯤은 물을 가지고 와도 괜찮을 거라고 생각했던 거지.

합창 대회 이야기나 왕의 잔치 이야기에서처럼 여러 사람이 참여하는 일에는 나 하나쯤은 게으름을 피워도, 나 하나쯤은 거짓 행동을 해도 잘 모를 것이라고 생각하는 사람들이 많아. 바로 이런 현상을 '링겔만 효과Ringelmann effect'라고 해.

'링겔만 효과'는 집단 속에 참여하는 사람의 수가 늘어날수록 한 사람 한 사람이 집단에 최선을 다하지 않는 현상을 말해. 나 하나쯤은 모를 것이라고 생각하기 때문이라는 거지.

쉽게 말해, 한 사람이 일을 할 때 낼 수 있는 힘이 100이라고 가정하면, 두 사람이 일을 하면 200이라는 힘이 나와야 하는 것이 당연한데 그렇지 않다는 거야. 200보다 훨씬 작은 힘이 나온 다는 거지.

링겔만 효과는 독일의 심리학자 링겔만이 처음 실험을 통해 증명한 이론이야. 링겔만은 줄다리기를 통해서 집단에 속한 사람들의 공헌도를 측정하는 실험을 했어. 어떤 한 사람이 당길 수 있는 힘의 크기를 100으로 보았을 때, 2명, 3명, 8명으로 이루어진 각 그룹은 어떤 힘을 낼 수 있을까? 당연히 200, 300, 800의 힘을 내는 것이 정상 아니겠어? 그런데 실험 결과는 전혀 다르게 나타났어. 2명으로 이루어진 그룹은 186의 힘만 발휘했고, 3명으로 이루어진 그룹은 255의 힘만, 8명으로 이루어진 그룹은 겨우 392의 힘만 발휘했어. 링겔만은 이 실험을 통하여 그룹 속에 참여하는 사람의 수가 늘어날수록 한 사람 한 사람이 힘을 다하지 않는다는 것을 알아냈어. 이런 실험 결과가 나온 것은 나 하나쯤은 게으름을 피워도 모를 것이라는 생각이 작용했기 때문이야.

전쟁터를 생각해 보아도 링겔만 효과가 작용하는 것을 알 수 있어. 전쟁에서는 상대방보다 10배가 넘는 병사로 싸워도 패하는 경우가 있어. 물론 여러 가지 패배의 원인이 있겠지만 지휘관이 링겔만 효과를 깨닫지 못했기 때문일 수도 있어. 수가 많으면 그만큼 게으름을 피우는 사람도 많다는 사실을 몰랐던 거지. 반면 상대방은 적은 병사로 싸웠기 때문에 죽기 살기로 싸움에 임했을 것이고, 각자 1명 이상의 힘을 발휘했기 때문에 10배가 넘는 적을 이길 수 있었던 거야.

양보다 질이 중요하다는 말이 있어. 이 말도 어떻게 보면 링겔만 효과와 관련이 있다는 생각이 들어. 무엇이든 많다고 좋은 건 아니야. 문제는 제대로 된 역할을 모두 하고 있느냐의 문제니까. ♪

세상을 보는 눈

링겔만 효과와 반대되는 개념으로 '시너지 효과Synergy effect'가 있어. 시너지 효과란 집단 속에 참여하는 개인의 수가 늘어날수록 서로 협력하여 '1+1=2' 이상의 결과를 만드는 것을 말해. 우리말로 표현하면 '상승 효과'라고 할 수 있지.

어떤 회사에서 2명의 연구원이 아주 우수한 신제품을 개발했어. 사람들이 그 제품에 열광했어. 게다가 그 제품 덕에 이 회사에서 나오는 다른 제품들도 인기를 끌었고, 회사 이미지도 높아졌어. 이게 바로 시너지 효과야. 두 사람이 힘을 합쳐 '1+1=2'가 되는 우수한 제품을 만들었는데, 그 이상의 결과가 나온 거지.

링겔만 효과나 시너지 효과 모두 사회 속 자신의 위치와 관련이 있어. 자신의 위치는 스스로 만들지 않으면 영원히 없을 수도 있어. '링겔만 효과'를 만드는 사람이 될지, '시너지 효과'를 만드는 사람이 될지는 스스로의 선택에 달렸어.

방관자 효과
★ 나 아니어도 할 사람은 많아

'방관자 효과Bystander effect'는 매우 뜻깊은 메시지를 전달해 주는 말이야. '방관자'라는 말을 사전에서 찾아보면, '어떤 일에 직접 참여하지 않은 채 곁에서 바라보기만 하는 사람'이라고 나와. '방관자 효과'는 방관자의 행동에서 그 의미를 따왔지만 1964년에 일어난 '제노비스 사건'으로 인해 생겨난 말이야.

1964년 3월 13일 금요일. 뉴욕 주 퀸스 지역에서 제노비스라는 28세 여성이 새벽 3시경에 일을 마치고 집으로 가고 있었어. 그런데 집 근처에 도착했을 때 수상한 남자가 갑자기 제노비스를 칼로 찔렀어.

다급한 목소리로 제노비스는 도움을 청했어. 새벽 3시경이었

지만 여자의 비명 소리를 들은 많은 사람이 아파트 창문을 열고 제노비스를 내려다봤어. 그중 1명이 여자를 내버려 두라고 소리를 질렀지. 그러자 범인은 바로 도망쳤어. 제노비스는 칼에 찔린 채 어느 가게 앞에 누웠지. 몇 분 뒤 주위가 조용해지자 범인은 다시 제노비스 앞에 나타났어. 그리고 다시 칼로 찔렀지. 제노비스는 소리를 질렀고, 아파트 주민들은 다시 불을 켜고, 밖을 내다봤어. 범인이 다시 도망치자, 제노비스는 힘겹게 자신이 살고 있는 아파트 복도까지 걸어갔어. 몇 분 후 다시 범인이 나타났고, 제노비스는 숨이 끊어졌어.

제노비스는 35분 동안 범인에게 끔찍한 고통을 당했지만 아파트 주민 38명 중 단 1명만 경찰에 신고했다고 해. 이 사건을 연구해서 발표한 심리학 용어가 바로 '방관자 효과'야. 제노비스의 이름을 따서 '제노비스 신드롬Genovese syndrome'이라고 부르기도 해.

방관자 효과는 이처럼 주위에 사람들이 많을수록 어려움에 처한 사람을 돕지 않게 되는 현상을 말해.

이런 방관자 효과를 증명하기 위한 실험도 했어.

대학생들을 대상으로 집단 토론을 실시한다면서 각자 다른 방에 혼자 있게 하고, 오로지 헤드폰만을 이용해서 대화하도록 했어. 대학생들 중에는 2명씩 대화하는 경우도 있었고, 4명이 대화하는 경우도 있었고, 7명이 대화를 하는 경우도 있었어. 실험 도중, 한 사람이 갑자기 "머리가 아파 쓰러질 것 같아요!"라고 말하고는 조용해졌어. 그 사람은 실험을 위해 일부러 그런 행동을 한 사람이야. 이때, 2명이 대화를 하고 있었던 학생은 85%가 즉시 나와서 사고가 났음을 알렸어. 그러나 4명이 대화하고 있던 경우는 62%가, 7명이 대화하고 있던 경우는 31%만 사고가 났다고 보고를 했어. 나중에 보고를 하지 않았던 학생들에게 물었더니 대부분 다른 사람이 알릴 거라고 생각해서 보고를 하지 않았다는 거야. 모두들 서로에게 책임을 미룬 거지.

이 실험을 통해서도 알 수 있듯이 사람이 많으면 많을수록 책임이 나눠지고 그 때문에 방관자 효과는 뚜렷하게 나타나.

그렇다면 방관자 효과를 극복하기 위해서 어떤 행동을 해야 할까? 답은 이미 나와 있어. 똑똑한 친구라면 쉽게 알 수 있을 거야. 그래, 책임이 분산되지 않게 하는 거지.

어떤 사건이 발생했을 때 각자에게 분명한 책임을 주는 거지. 예를 들어 '이 일은 네가 해야 돼'라고 분명하게 정해주는 거야.

또, 강도를 당했을 때, 그냥 '살려주세요, 도와주세요.'라고 하는 것은 좋은 방법은 아니야. 모든 사람에게 하는 일반적인 말이기 때문에 책임이 분산되는 결과를 낳거든. 그 상황을 지켜보는 사람 중 1명에게 구체적으로 도움을 청해야 방관자 효과를 극복할 수 있어.

방관자 효과는 쉽게 이해할 수 있는 말이지만 그 현상이 주는 메시지는 결코 가볍지 않아.

세상을 보는 눈

영화 '스파이더맨' 1편을 본 친구들 있어? 그 영화에 이런 장면이 나와.

어느 날, 편의점에 강도가 나타났어. 그때 스파이더맨은 막 초능력을 쓸 수 있게 된 시기였어. 자신의 능력으로 충분히 강도를 잡을 수 있었어.

강도는 편의점에서 돈을 훔쳐서 달아나기 시작했어. 그러자 점원은 강도를 잡아 달라고 소리쳤지. 스파이더맨은 자기 앞으로 지나가는 강도를 보고도 그냥 모른 척했어. 자신과는 아무 상관없는 일이라고 생각했고, 괜히 골치 아픈 일에 끼어들고 싶지 않았던 거야.

그런데 스파이더맨을 마중 나온 할아버지가 우연히 강도 앞을 가로막게 되었어. 강도는 자신을 가로막은 스파이더맨의 할아버지를 권총으로 쏘고 달아났어. 총소리를 듣고 달려간 스파이더맨은 쓰러진 사람이 자신의 할아버지라는 것을 알게 되었지.

만약 스파이더맨이 그때 강도를 잡았다면 할아버지는 총에 맞지 않았을 거야. 자신과 상관없다고 생각한 일이었는데 오히려 가장 가까운 일이 되어 버린 거야.

이 영화를 통해서 우리는 매우 중요한 사실을 한 가지 알 수 있어. 방관자 효과를 극복하는 또 하나의 방법은 바로 자신도 그런 상황에 처할 수 있다는 생각을 하는 거야. 스파이더맨은 자신과 상관이 없다고 생각해 강도를 외면했지만 결국 그 일은 가장 관련이 큰 일이 되어 버린 것처럼 말이야.

앞으로 나 역시 '방관자 효과'의 피해를 당할 수 있다는 생각을 가지고 주위에 관심을 가져 봐.

28 제로 베이스 이론

★ 처음부터 다시 시작하자

혹시 제로 베이스Zero Base라는 말 들어본 적 있니? 쉬운 영어니까 해석하는 건 어렵지 않을 테고, 제로는 '0'의 의미이고, 베이스는 기초, 바닥, 밑바탕 등의 뜻이 있는 말이야. 그러니까 제로 베이스는 우리말로 하면 '출발점', '백지 상태' 정도로 해석할 수 있어. '원점으로 돌아가서 다시 시작해 보자.'는 말도 많이 들어 보았을 텐데, 여기서 원점이 바로 '제로 베이스'의 의미로 쓰인 거야.

제로 베이스라는 말은 여러 분야에서 쓰이는 말이기도 해. 예를 들어, 제로 베이스 생각, 제로 베이스 방식, 제로 베이스 공부, 제로 베이스 경영 등에 쓰이고 있지. 모두 제로 베이스의 의

미로 생각하고, 방법을 찾고, 공부하고, 경영하자는 것이지.

이처럼 모든 것을 처음부터 다시 시작하는 것이 바로 '제로 베이스 이론'이야. 흔히 '초심으로 돌아가자.'라는 말을 많이 하는데, 여기에서 말하는 '초심'도 제로 베이스의 의미로 생각할 수 있는 말이야.

이런 제로 베이스 이론이 가장 필요한 때는 어떤 일이 잘 풀리지 않을 때야. 지금 하는 일이 어려워서 해결할 수 있는 방법이 떠오르지 않을 때 제로 베이스 이론을 생각해 봐.

어떤 일이 잘 풀리지 않는다는 것은 기존의 방식으로는 해결하기 어렵다는 뜻이거든. 그러니까 새로운 방법을 모색해 봐야 할 시점이라는 이야기야. 그러면 의외로 일이 쉽게 풀릴 수 있어.

반대로 일이 아주 잘 풀릴 때도 제로 베이스 이론을 생각해 봐야 해. 어떤 사람이 한 분야에서 성공을 거두

었다고 가정해 봐. 성공하는 것도 어렵지만 그 성공을 유지하는 것은 더 어렵다고들 하지. 그 사람은 기존의 방식으로 성공을 유지할 수 있을까? 답은 '아니다'야. 왜냐하면 그 방법은 이미 많은 사람에게 알려졌기 때문이야. 그러니까 성공해서 최고의 자리에 오른 사람은 기존의 방식은 잊어버리고, 새로운 방법을 연구해야만 그 자리를 유지할 수 있어. 즉, 제로 베이스에서 다시 생각하고, 방법을 찾아야 한다는 거지.

'야구는 투수 놀음'이라는 말이 있어. 그만큼 야구에서는 투수의 역할이 중요하다는 의미야. 투수들은 좋은 공을 던지기 위해 항상 연구를 해야 훌륭한 투수가 될 수 있어. 어떤 투수가 아주 빠른 공을 던진다고 생각해 봐. 처음에는 타자들이 그 공을 치기가 쉽지 않을 거야. 그러나 차츰 시간이 지나면 그 공에 익숙해져서 빠른 공을 타자들이 칠 수 있게 돼. 그때가 되면 투수는 다른 방법으로 공을 던지는 연구를 해야 해. 타자들이 잘 칠

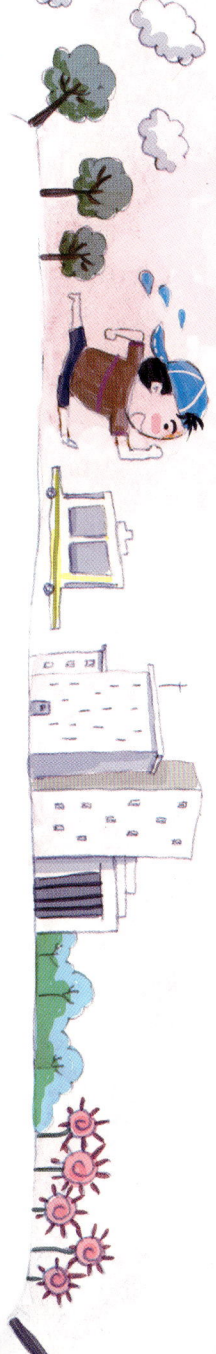

수 없는 공을 개발해야 최고의 투수 자리를 유지할 수 있으니까.

그러니까 제로 베이스 이론은 일이 잘 풀릴 때나 그렇지 않을 때나 우리가 항상 생각하고 있어야 하는 이론이야. 끊임없이 연구하고 노력하지 않으면, 금방 뒤처지게 된다는 걸 기억해.

세상을 보는 눈

뉴턴이라는 과학자는 다 알지? 사과나무에서 사과가 떨어지는 것을 보고 '만유인력의 법칙'을 발견한 사람 말이야. 만유인력은 쉽게 말해서 두 물체가 서로 당기는 힘을 말해. 사과가 떨어지는 것은 지구가 사과를 끌어당기기 때문에 나타나는 현상인 거지.

뉴턴은 이 법칙 말고도 여러 가지 법칙을 발견한 사람이야. 뉴턴의 제1법칙이라고 하는 '관성의 법칙'이 있어. 이 법칙은 어떤 움직이는 물체는 계속해서 움직이려고 하고, 정지해 있는 물체는 계속해서 정지해 있으려고 한다는 거야. 차를 타고 가다가 갑자기 차가 정지하면 몸이 앞으로 쏠리는 것도 바로 관성의 법칙 때문이지.

사람들 중에도 이런 관성의 법칙을 따르는 사람들이 있어. 바로 현실에 만족하고 새로운 방법을 찾지 않으려는 사람들이야. 관성의 법칙처럼 기존 방식대로만 계속 움직이려 하고, 또 현실에 만족하며 변화를 싫어하는 사람들이지.

현대 사회는 변화가 무척이나 빠르고, 경쟁이 치열해. 그런데 변화에 적응하지 못하고 관성의 법칙을 따르는 사람들은 이런 시대에 발맞춰 나가기 어려워.

　제로 베이스는 창의성과도 관련이 있는 말이야. 창의성은 새로운 것을 생각해 내는 특성이야. 새롭고, 독창적인 것은 어떻게 나올 수 있을까? 창의성은 선입관도 버리고, 완전 백지 상태로 돌아갔을 때 나타나. 창의성으로 인해 실패하는 일도 있지만 바라는 것을 얻을 수 있게 하는 큰 힘이기도 해.

29 풍선 효과

★ 하나를 해결하면 또 다른 문제가 생긴다

'풍선' 하면 어떤 생각이 떠오르니? 색색의 풍선으로 장식된 파티? 풍선은 불면 점점 더 커지는 특징이 있어. 하지만 바람을 너무 많이 불어넣으면 펑 터지지. 풍선은 또 다른 특징을 가지고 있어. 커다란 풍선을 들고, 한 곳을 손가락으로 눌러 봐. 그러면 손가락으로 누른 곳은 들어가지만 다른 부분이 부풀어 오르는 것을 알 수 있어.

'풍선 효과Balloon effect'는 풍선의 한 곳을 누르면 그 부분은 들어가지만 다른 곳이 팽창되는 것처럼, 문제 하나가 해결되는 순간 다른 문제가 생기는 현상을 말해.

풍선 효과라는 말은 미국에서 처음 유래했어. 예전에 미국은 마약 때문에 큰 골치를 앓았어. 마약은 대부분 중남미 지역 국가에서 생산되어 미국으로 들어왔지. 그래서 미국은 공항이나 항구에서 마약을 만드는 나라에서 들어오는 물건들을 대대적으로 단속했어. 그런데 마약은 전혀 줄어들지 않았다고 해. 왜냐하면 단속하지 않은 다른 나라를 통해서 계속 마약이 들어왔기 때문이야. 여기에서 풍선 효과라는 말이 생겨났어.

우리나라는 집값 때문에 이 말을 사용하게 되었어. 정부가 A지역의 집값을 잡기 위해 여러 가지 규제를 하자, A지역에 집을 사려던 사람들이 B지역으로 몰려갔어. 그래서 B지역의 집값이 올랐지. 이런 현상을 풍선 효과라고 해. 풍선 효과는 사전에 수록된 말이기도 해.

얼마 전에는 대형 마트와 동네 시장의 싸움에서 이런 풍선 효과가 나타났어. 너희도 알다시피 요즘은 주변에 대형 마트가 많이 생겼어. 예전에는 부모님이 장을 보러 동네 시장을 갔는데, 요즘은 주변에 대형 마트가 많이 생겨서 동네 시장을 다니는 사람들이 줄어들었어.

동네 시장에서 장사를 하는 상인들은 몇십 년 동안 그곳에서만 장사를 했어. 그런데 대형 마트가 생기면서부터는 장사를 하기 어려워졌어.

　그래서 정부는 주말에 사람들이 시장을 찾도록 대형 마트의 주말 영업을 못하게 했어.

　그런데 사람들은 시장이 불편하다고 생각해서 가지 않았어. 대신 홈쇼핑이나 온라인 쇼핑몰에서 필요한 물건을 샀어.

　당연히 동네 시장은 점점 어려워졌지. 정부는 이런 현상을 완화 시키려고 여러 가지 방안을 내놓았지만 별로 효과를 보지 못했어. 엉뚱한 결과를 낳기만 했어.

　이런 풍선 효과가 나타나는 이유는 근본 대책을 마련해야 하는데, 대부분 임시방편으로 눈에 보이는 급한 일만 처리하기 때문이라고 할 수 있어.

　무슨 일을 할 때는 시간이 좀 걸리더라도 꼼꼼하게 관찰하고 연구하는 자세가 필요해.

풍선 효과를 보지 않으려면 근본을 파악하고 방안을 세워야 해. 그렇지 않으면 금세 부작용이 나타나서 하나 마나 하거든. 그러니까 일을 할 때는 다양한 경우를 생각하는 습관이 중요해.

세상을 보는 눈

사람마다 일하는 스타일이 다 다르다고 하지. 어떤 사람은 일하는 속도도 빠르면서 일 처리도 완벽하게 하고, 또 어떤 사람은 일하는 속도는 좀 느리지만 일은 완벽하게 하는 경우가 있지. 반면에 일하는 속도도 느리고, 일 처리도 그다지 완벽하지 못한 경우도 있고, 일하는 속도는 빠르지만 일 처리는 서툰 경우가 있어. 물론 회사 입장에서는 일하는 속도도 빠르고 일 처리도 완벽하게 하는 사람을 원할 거야.

나중에 사회에 나가서 나보다 훨씬 앞서 가는 친구들을 보면 열등감이 생길 수 있을 거야. 또, 질투도 날 거야. 자신의 무능함에 짜증이 날 수도 있어. 하지만 단거리 달리기만 생각하지 마. 앞에서도 이야기했지만 너무 빠른 사람들은 그만큼 실수도 많이 할 수 있기 때문이야. 조금씩 앞으로 나아가는 것이 중요해. '토끼와 거북이' 이야기를 생각하면 쉽게 알 수 있지?

무슨 일이 일어났을 때 깊이 생각하지 않으면 문제가 발생할 수 있어. '풍선 효과'처럼 말이지. 그러니까 신중하게, 살아가는 자세가 중요해.

30 베르테르 효과

★ 당신이 죽으면 나도 따라갈 거야

    1774년 독일 출신의 작가 괴테는 『젊은 베르테르의 슬픔』이란 소설을 발표했어. 이 소설의 주인공 베르테르는 다른 사람의 약혼녀인 로테라는 여자를 사랑하게 돼. 그런데 다른 남자의 약혼녀였기 때문에 베르테르는 어떻게 할 수가 없었어. 그래서 결국 베르테르는 권총 자살을 하게 된다는 것이 소설의 내용이야.

    당시 『젊은 베르테르의 슬픔』은 5개 국어로 번역될 만큼 대단한 인기를 끌었던 작품이었어. 그런데 이 소설이 인기를 끌자 이상한 사건이 발생하기 시작했어. 유럽 곳곳에서 베르테르를 모방한 자살 사건이 유행처럼 번지기 시작한 거야. 정확한 숫자는 아니지만 베르테르의 자살을 모방하여 자살한 사람이 전 세계적

으로 2,000명이나 된다고 해. 베르테르의 모습에 공감한 젊은이들이 소설의 주인공을 따라 행동하게 된 거지. 일부 유럽 지역에서는 이 소설의 판매를 금지하는 일까지 있었다고 하니까 당시에는 심각한 일이었나 봐.

1974년 미국의 사회학자 필립스라는 사람이 '베르테르 효과 Werther effect'라는 말을 사용했어. 사회학자 필립스는 20년 동안 자살을 연구한 사람이었어. 필립스는 유명인의 자살이 언론에 보도되고 난 뒤, 자살률이 높아진다는 사실을 토대로 이런 연구 결과를 얻을 수 있었다고 해. '베르테르 효과'는 유명인의 자살이 있은 후에 유사한 방법으로 잇따라 자살이 일어나는 현상을 말해.

이 세상에서 그 무엇과도 바꿀 수 없고, 가장 귀한 것이 바로 인간의 생명이지. 그런 존귀한 생명을 스스로 끊는다는 것은 세상에서 가장 슬픈 일이라고 할 수 있어. 베르테르 효과는 일어나지 말아야 해.

세상을 보는 눈

삶이 힘들어 자살을 하는 사람들이 있어. 자신에게 닥친 일을 감당할 수 없어서 스스로 삶을 포기하는 거지.

요즘에는 어린이들도 자살을 해. 어린이들이 삶을 포기할 만큼 어려운 상황이 생긴다는 것이 무엇보다 슬퍼.

그런데 스스로 삶을 포기하는 사람들이 생기는 것은 주위 사람들의 잘못이라는 생각이 들어. 누군가 그 사람의 힘든 상황을 한 번만이라도 이해하고 도와주려고 노력했다면 과연 그런 일이 일어날까? 주위의 사람들이 외면했기 때문에 극단적인 방법을 선택한 건 아닐까?

베르테르 효과 같은 일이 일어나지 않게 하려면 무엇보다 힘들어하는 친구들에게 관심을 가져 주는 것이 중요해. 어떤 친구가 스스로 목숨을 끊었다면 주위 사람의 탓도 있다는 걸 항상 생각해야 해. 그렇게 할 때 베르테르 효과는 일어나지 않게 되니까 말이야.

'베르테르 효과'는 너무 슬픈 이야기라서 너희에게 알려 주고 싶지 않았는데, 힘들어하는 친구들에게 관심을 가져 주라는 의미에서 말한 거니까 모두들 마음에 잘 새겼으면 좋겠어.